JN124203

自分を「観る」から始まる
生きやすさへの
パラダイムシフト

THE MENTAL MODEL WORKBOOK

ザ・メンタルモデル ワークブック

由佐美加子
中村伸也

オオルリ社

まえがき

まず、この本を今、手にとってくださって、ありがとうございます。

「自分を観る」というタイトルにある言葉をみて、少し重い気分になりながら見ていらっしゃる方もいるかもしれませんし、なんとなく直感的に手にとってこのページを開いている方もいらっしゃるかと思います。何にせよ、この本を今ここで手に取られていることは偶然ではないのかもしれません。

書籍『ザ・メンタルモデル：痛みの分離から統合へ向かう人の進化のテクノロジー』（内外出版社）を２０１９年８月に出版してから、たくさんの方々がこの人間の内的統合のメソッドに関心を寄せてくださいました。そして、コロナ禍の中でこれまでの人生や生き方における意識の変化が世界規模でさらに加速しているのを感じています。

「この世界を進化させていく鍵は、人間とはどういう存在なのか、という私たち人間が保持している人間観そのものの転換にあり、それは人間がありのままの自分を愛する自己愛と真実を語ることから始まる」――マーニー・デューガン

先月75歳でこの世を旅立った、師でもあり同じ願いを持つ魂の盟友でもあったマーニー・デューガンは、善悪の分離を前提としたこれまでの二元的な人間観から、人間に備わっているすべての機能には等しく価値があるという霊性とマインドと肉体が三位一体で一つに統合されている人間観へのパラダイムシフトのために命を使い果たして逝きました。生涯をかけた彼女の学びと体験を通した叡智、「新しいパラダイム」と呼ぶこの統合された人間の在り方とその可能性を、その生き様を通して常に深い愛から分かち合ってくれました。この人間観をどうしたら多くの人が自分の人生で体現し、日々の生活の中で実践できるように拡げていけるのか、が彼女から受け継いでいる私のライフテーマです。

この6年間、企業研修やワークショップ、個人向けの公開講座、個人セッションなどを通して年間250日以上朝昼夜とほぼフル稼働で、企業や病院の経営者、大きな組織のエ

グゼクティブやマネージャー、変容を望む個人の方々、若者たち、そして子育てをするお母さんや子どもたちにも、この新しいパラダイムの生き方への転換とそれに必要な意識変容を様々な切り口からサポートし続けてきました。ほとんどの場において、事前にプログラムも資料も用意せず、何のアジェンダも持たず、はじめにその場に参加している方々やセッションのクライアントが今、何を必要としているのか、を聴いて感じとることに自分の意識を合わせて集中します。すると必ず何かしらのフレームワークや伝えるべき情報が自分を介してその場に降りてくる、という体験を繰り返してきました。6年間で提供してきた場の数は回数にしてたぶん2000近くになっていたかと思いますが、場で培われた様々な智慧がデータベースのように自分の中に蓄積されていきました。

この体験から生み出された主要なワークやフレームワークを体系的な一つの流れとして形にして、古いパラダイムから新しいパラダイムへの架け橋になる実践的な道筋を作る時だ――。そんなインスピレーションが疼いていた頃に、この本の共著者になっている、ぼび、こと中村伸也と15年ぶりに再会しました。彼はそこから自分自身でこの内的統合のプロセスを実践し、それまでの人生で積み上げたものを手放してこの世界観を一緒に届けていこうとコミットしてくれました。同じ世界観を生きる仲間で、この本の図を素晴らしい編集力で一手に作成してくれている三好大助らと共に、私の中に目に見えない形でしか存在していなかったものを、コンテンツとして落とし込み、人が自分の内なる源に還っていく旅路、という意図を込めたJourney to the Source（通称ＪＴＳ）というプログラムが、２０１８年9月に形になりました。プログラムとして提供し始めてから今日まで、有難いことに毎回常にキャンセル待ちの満席で、この5カ月間に渡る内省の旅を完了してくださった参加者は約３４０名になります。この世界観を共に生きる仲間たちがつながって、それぞれが試行錯誤しながらこの人生で自分の源を生きようとお互いを支え合うコミュニティーとして拡大していることが、私にとっては何よりも大きな喜びです。

メンタルモデルは、実はこの全体性への統合のジャーニーの中のほんの一部にすぎません。内的統合には日々の生活の中における内省力がその土台となります。このワークブックは、ＪＴＳのプログラムの中で扱っている内的統合のためのワークとそのエッセンスを、より多くの人に触れていただけるようにという願いから本の形に昇華させたものです。したがって、このワークブックは情報の提供ではなく、自分の内側の無自覚なものに光をあて、ありのままを観てみる、そして感じてみる、という体験ができるように構成されています。人の意識変容は概念や知識だけでもたらされることはありません。概念は呼び水にはなりますが、体験を通して実感することで気づきが起こり、それによって内なる真実につながることができる、これがこの外側の世界に起きることや体験の認知そのものの変化につながる意識変容の本質です。なので、このワークブックは数々のワークを通じて自分を見つめる内省的な体験を通して、自分の潜在意識に眠っている真実を「思い出す」ことを意図しています。

内省という言葉は、とかく何か深刻で重苦しい感じがするものです。自分の内面や心を見つめるということはできれば避けたいと思う方もたくさんいらっしゃることでしょう。この本を通して、内省と呼ばれているあるがままの自分を見つめるという行為は、自分を責める反省とは違い、本当は人間にとって自然な行為であること、そして内省を通して知らなかった自分と出逢い、自分に深くつながっていく感覚は何にも代えがたい充足をもたらしてくれるものだ、ということを一人でも多くの人に体験していただきたいと思っています。

この本は、一人で深く内省しながら進めることもできます。また人と分かち合うことで自己理解は加速しますので、ペアや小グループで他の人と一緒に楽しみながらやってみるのもオススメです。次章の「このワークブックの使い方」を参考にしながら、ぜひ自分にとって自然なペース、そして自分に合ったやり方で、源を生きるための自己探求のプロセスを楽しんで進めてください。

この本を活用してくださるすべての方が、自由に、創造的に、そして楽しみながら、豊かな自己統合の旅をそれぞれの人生で創り出してくださることを願っています。

この本をこの世界で形づくってくれたすべてのつながりと流れに、
心からの感謝を込めて。

2021年10月

由佐 美加子

このワークブックの使い方

このワークブックは、無自覚なまま自分の内側にあり、あなたの人生に実は大きく影響しているものに気づいていく旅路のナビゲーターです。顕在意識で気づいていないことに意識を向けるために、各章にそれを観ることをサポートするための内省のワークがあります。ワークをやりながらその体験を通して自分の内側から出てくるものを感じていきます。そのワークをまずは自分でやってみた後、「内省のための問い」に書かれている自分への問いかけを通して内省を深めていく仕組みになっています。

自分の無意識にあることに気づく内省には、いくつかのコツがあります。

●直感を大事にする

思考は、これまでの経験や知識に照らし合わせて既存の枠組みからつまりこういうことだ、と意味づけたり、自分にとってロジカルな整合性のとれる解釈をしようとします。よくわからない、という状態は居心地が悪いので、ワークや問いに対して思考によって答えを導こうとするでしょう。このやり方だと自分の無意識にアクセスすることはできません。考えて出てくることは顕在意識にあることで、既にあなたが知っている情報です。答えを探して一生懸命頭で考えるのではなく、リラックスした状態でなんとなくワークを通して内側から出てきたことを感じてみて、そこから直感として浮かんだことをつかまえてください。

●ただ認知する

無自覚ですが、私たちは通常、外側の情報に対して即座にいい・悪い、正しい・間違ってる、という評価や判別をしています。そして〝悪い〟〝違う〟と判断したものは無視したり逆に批判したりします。自分にあることに気づく上ではこの評価・判別グセは邪魔になります。自分の中にこんなのがあるかもな、とふと出てきたことを、評価判断せず、思考でそれについてああだこうだと考えずに、何が出てきても、ただそれをそうなんだね、と認知してください。ここでのコツとして、もし自分が何かを評価・判断しているのであれば、そのこと自体を評価・判断することなく「それをダメだと思っているんだね」、と評価・判断している自分をただ認知してください。

また、気づいたときに、それをなんとかしようとする必要はありません。ただ、気づいている、それだけで十分です。なんとかしたくなる衝動は、「そのダメをなんとかしたい」というダメへの抵抗で、この衝動に乗っ取られると思考が回り出して感じることから起こる気づきを体験できなくなります。

●楽しんでやる

自分を知りたい、という欲求は人間の命にある美しい動機です。自分の内側にあることにいい・悪いという判別さえしなければ、どんなことにでも新しい自分を発見し、それにつながって理解できるという喜びがあります。気づきを通して自分についてそれまで知らなかったことを知れる体験を楽しんでください。気が向いた時に気楽に楽しんでやってください。もしやりたくないと感じるときは、無理にやろうとせずに、そのやりたくないという抵抗を感じてみてください。どんな体験も自分を知るチャンスです。そこにも大切な気づきがあります。

●日常の体験こそ気づきと学びの機会

このワークブックに取り組むことは、日常の体験の中で気づきをもたらす内省力を育てるためのきっかけに過ぎません。ワークで知る新しい観点、ワークで気づいた自分に意識を向けて日常を過ごすことで、その日々の体験の中に新たな気づきが生まれます。本当の学びはワークをしている時ではなく、日常でのあなたの体験の中にあります。ワークをやりながら、日常に起きる自分のどんな体験も大切にして、そこにどんな気づきが持てるかに意識を向けてください。

以上がこのワークブックを通した内省のコツです。

ワークはちゃんとやろうとする必要はありません。私たちは何か求められていることに対して正しい答えを出すこと、きちんとしたアウトプットを出すことを無自覚に自分に課して、そう応えようとしがちです。ワークをやっている時の「体験」の中でどんな感覚や直感、気づきや洞察が起こるのか、それだけが大事です。ワークで使うワークシートに何を書いたのか、が重要なのではありません。

このワークブックの説明として書いてあることも、鵜呑みせずに、本当にそうなのかな?と疑ってかかってください。そして日常の自分の体験の中でそれを検証してみてください。書いてあることに合意する必要も同意する必要もありません。自分の中に起きた洞察だけが自分にとっての真実を教えてくれています。常に外側にあるどんな正しさよりも、あなたにとっての真実の方が大切なのです。

ワークブックの各章は以下の構成になっています。

このワークの意図

この章にあるワークを通じて何を体験できるのか、ワークは何に気づくことを意図しているのか、を各章のはじめに記載しています。

〈ワークシート〉

その章で取り組むワークを書き込むためのワークシートです。ノートなどに書き写してワークに取り組むこともできますが、以下のQRコードを読み取る、もしくは以下のリンクにアクセスすることで、すべてのワークのワークシートが一括してPDFでダウンロードできます。PDFデータをダウンロードし、次ページの一覧表を参考に必要なワークシートを印刷してご利用ください。

ワークシート・ダウンロード・リンク：

http://hmt.llt.life/hmtresources/workbook/

※以下のQRコードを読み取ってアクセスしてください。

■ このワークブックのワークシート一覧

部	章	ワークシートNo.	ワーク名
第1部	1章　自己分離の構造	1	イケてる私とダメな私
	2章　ダメな私の実体	2	ダメな私・人をどうしようとしているか?
	3章　世界に対する私の信念	3	世界に対する私の信念
	4章　他者分離の本質	4	嫌いな人
	5章　反応の構造	5	反応
	6章　内省と自己探求	6	事実と解釈を切り分けてフィルターを探求する
第2部	7章　自己共感	7-1	不快感への反応
		7-2	源につながる
	8章　不快な感情の扱い方	8-1	不快感情の扱い方
		8-2	不快感情を感じた時の問い
	9章　怖れの扱い方	9-1	怖れを解体する
		9-2	罪悪感と恥
第3部	10章　男性性と女性性の原理	10	日々の習慣の起点を観る
	11章　3つの自己の統合	11	3つの自己
第4部	12章　適合OSとメンタルモデル	12	適合OSを可視化する

ワークシート・ダウンロード・リンク：
http://hmt.llt.life/hmtresources/workbook/

※左のQRコードを読み取ってアクセスしてください。

ワーク

この部分の説明に従って、そこで指定されたワークシートの項目欄を自分で記入してください。

内省のための問い

ワークシートにあなたが書いた内容を振り返って、内省を深めるための問いです。書いてある問いを自分に問いかけながら、改めて自分が書いたことを感じてみてください。何かそこに気づきがあり、自覚的になったことがあったらワークシートの「気づき」欄にそれを書き込みます。

振り返りのポイント

ワーク全体の内省ポイント

ここには、あなたが自分で書いたこと、改めて気づいたことからさらに深く内省するためのポイントが書かれています。ここに書いてあることを読むことで、さらに自分の無意識にあることが浮かび上がってくるかもしれません。ここでさらに気づいたことがあれば、ワークシートの「気づき」欄に書き留めてください。

○章のまとめ

その章・ワークにおける内省のポイントです。このポイントを意識して日常の中で自分の体験に意識を向けてみてください。

以上がこのワークブックの構成です。

このワークブックは、章を重ねるごとに自分をより深く内省できるように構成されています。時間はかかるかもしれませんが、章とそのワークの順番にも意味があるので、ワークブックの順番通りに、自分のペースでじっくりとワークを進めていくことをお勧めします。ひとつのワークをじっくりやって、日常で体験してまた気づく。そして、次のワークに取り組んでみる。ワークを重ねるにつれて、ワークをやるときも、日常の体験の中でも気づきは深くなっていきますので、あきらめずにワークを進めていってください。くじけそうになった時には誰か他の人と一緒にワークを進めてみるのも助けになると思います。

また、気づきが深まり、自分の意識が変わっていくと同じワークをやっても、同じことを読んでも、感じること、気づけることがどんどん変化していきます。前に読んだときはスルーしていたことがなぜかもう一度読んだときに響いたり、そういう意味だったのか！と突然自分の中で腑に落ちたりする、ということが現象として起きてきます。このワークブックはワークを一度やって終わりにするのではなく、読み物としてぜひ気が向いたときに読み返してください。気にいったワークや何かあった時にピンとくるワークを繰り返しやってみるのも、きっと新たな気づきにつながると思います。

それでは、みなさん　Have a great journey!

もくじ

ワーク

第2部

ワーク
第1部

1章

自己分離の構造

このワークの意図

- 「イケてる私」と「ダメな私」というレンズで内側にある自分に対する自分の思い込みを観て、内省を気軽に体験するワークです。
- 内省によって、無自覚な自分に気づくことを体験します。
- 自己分離の原理を理解し、自己受容とは何かを学びます。

自己分離（自分の内側にある分離の構造）

私たちは、個別の身体を持ってこの世界に生まれます。人間は生まれたときには言葉のない世界で「すべてはひとつ」という感覚につながったまま生まれてきます。

そこから発達にしたがって自我が生まれ、世界と私は別々のものであり、自分は個体として分離した存在であるという認識が生まれます。このように分離した存在として世界を対象化し、自分の外に世界がある、という認識をもつと、世界は自分が生まれる前にすでに確立されていて、自分はそこに生まれた分離した存在としてこの世界でなんとか生き延びていかなくてはなりません。当然ながら、「自分はこの世界でどうしたら受け入れられるのか」、「自分はこの世界に適合できるのか」が最大の関心になります。自分と他のものを分離する意識である自我をもった私たちは、それを前提として、自分が対峙している外側の世界に適合し、受け入れられようとしながら成長します。

生き残るためには、自分を取り巻く外側の世界において、「自分の力でなんとか生き延びなければならない」

「この社会で受け入れられなくてはならない」と自分の生存のために適合する上で求められる能力を高めていきます。そして、そのためにどうしたらいいのかを考えるために「世界とはこういうものだ」という世界に対する信念を持つようになります。「世界とはこういうものだ」だという前提を固定しないと「だから、どうすべきか」を考えることができないからです。

言語を使って世界を描写し、そこから何を求められているのかを認識すると、どんな自分なら受け入れられやすいのか、を考えられるようになります。そこから、人に「受け入れられる〝いい〟自分」、「受け入れられない〝ダメな〟自分」という概念ができます。人の期待に応えられる自分はより愛されるし、より受け入れてもらえるんだ、と思うようになります。こういうことはやっていい／やってはいけないという考えをもつことはもちろんのこと、こういう自分はいい／こういう自分はダメなんだという、自分の「存在」そのものに対するいい・悪いの区別が生まれます。それが内的な自己の分離（**自己分離**）です。「いい（他者から受け入れられやすい、評価されやすい自分）」と「悪い（受け入れられない、人から認められない自分）」という自分についての二元的な世界が内側にいつの間にかつくり出されます。

人間は幼い時は、自分ひとりで生きていくことは物理的にできない生き物です。幼く自分ひとりで生きていけないときには「どうしたらここで自分は受け入れられるのか？」「どうしたらここで自分は愛されるのか？」に関心を持たざる得ません。だから、どんな人間

■「適合」の世界

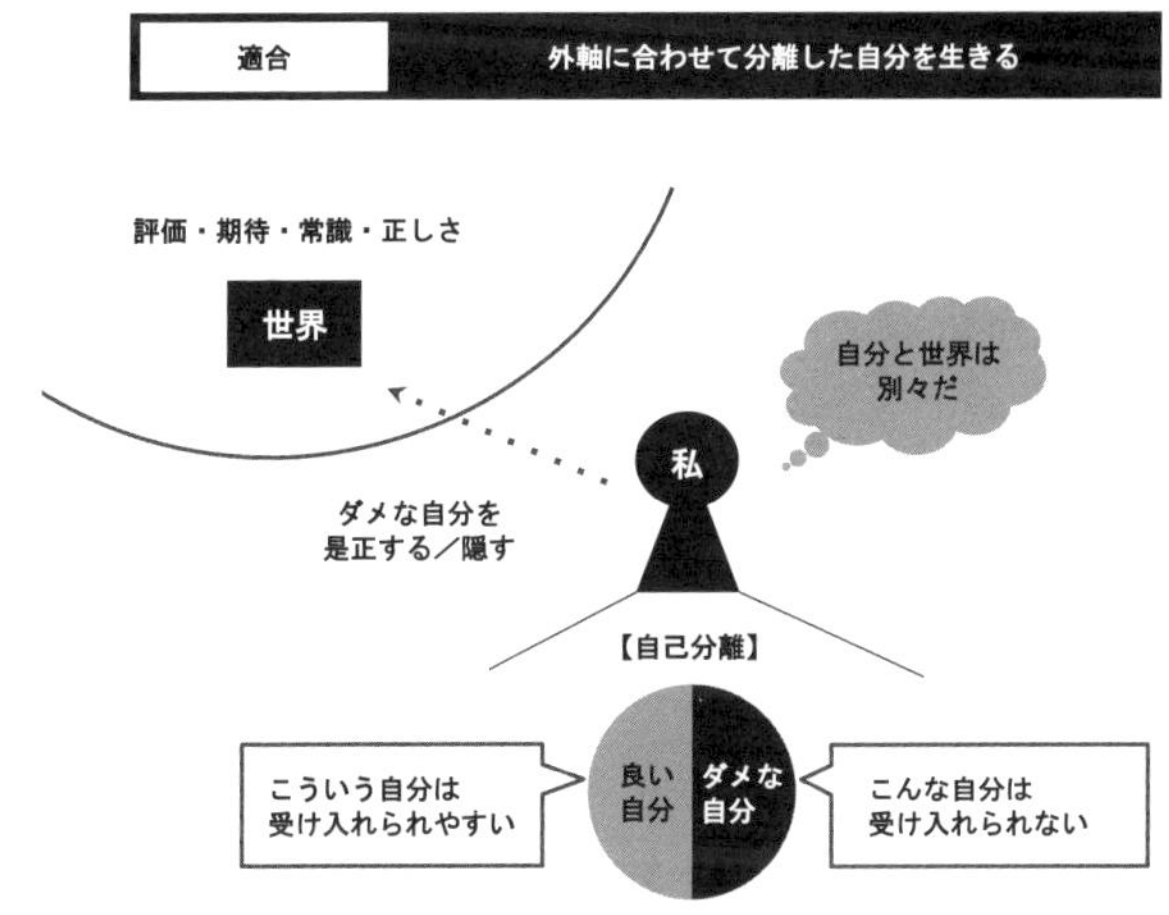

でも内側にこの自己分離は必ず存在しています。

幼い時に出来上がったこの自己分離の構造は、成長する過程でさらに発展していきます。子供の時は親のいい・悪いという価値観だけが規範だったのが、成長の中で世界が広がって関わる人間が増えていくと、その環境に応じてさらにこの規範は広がっていきます。成長するにつれてこの無数にある規範を通して、様々な自分を発見しては、いい・悪いを判別していくことになります。外側の期待、正しさ、べき論、常識といった規範を元に、自分がどう振る舞えば世界が自分を受け入れてくれて、自分をどう見せたらいいのか、という枠組みが出来上がります。

こうして、自分でも無自覚のうちに、

1

「イケてる私とダメな私」のワーク

<例>
明るい自分
がんばっている自分
⋮

<例>
やる気のない自分
人をがっかりさせる自分
⋮

イケてる

ダメ

気づき

•

•

•

•

※ワークシートはデータをダウンロードできます。詳しくは 12 ページをご覧ください。

成長していく過程で自己分離の構造は自分の内側に確立しているのです。
まずは、このだれもが持つ自己分離の構造から、自分の内側を観てみましょう。

ワーク

――「イケてる私とダメな私」のワーク――

ワークシートに記入をしてみましょう。

自己内省は、深刻になりやすいので、楽しく気軽にやることが大切です。
26ページの例にならってワークシートの『イケてる』欄にこの自分はイケている、と思っている自分を、『ダメ』欄にはこんな自分はダメだと思っている自分を書いてください。どちらから書いてもいいので、書きやすい方から書いてください。無理に書こうとせずに、浮かんでくることを気軽に記入してください。

どんなふうにワークに取り組みましたか？

どのようにワークをしたのか思い返してみましょう。自分がワークをやっていたときの感覚や、やり方に意識を向けてみてください。そこからも自分について気づけることがたくさんあります。

内省のための問い

① 「イケてる私」と「ダメな私」のどちらから書き始めたでしょうか？

② どちらが、スラスラと出てきたでしょうか？

③ どちらを多く書いたでしょうか？

④ どちらかを書きにくいと感じたでしょうか？

改めて気づいたことをワークシート『気づき』欄に記入してみてください。

振り返りのポイント

あなたがワークをやっていたときの感覚や、やり方を振り返ってみると、そこからあなたが自分について気づけることが必ずあります。

このワークをやると多くの人は「ダメな私」から書き始める傾向があります。そして、「ダメな私」はどんどんでてきます。今の社会では、一般的に自分のダメな部分について、それを改善、克服することが奨励されているため、私たちは自分のダメなところを見つけたり、反省することが得意です。

逆に「イケてる私」ばかりを書く人もいます。こういう自分にならないといけない、と強く周囲から求められる期待や理想に対して自分を駆り立て、それを実現してきた人に、この傾向があるようです。

どちらも、いい・悪いはありません。でも、なぜそうなっているのかを観ることでこれまで気づかなかった自分を知ることができます。

ワークをやっている時にでてくること、ワークのやり方に、いい・悪いはありません。ただ、あなたの内側にあることが現れるだけです。それでも、自分についてや、自分のやったことに、いい・悪いと評価をしてしまうかもしれません。そんなときも「ああ、自分はそうやって評価をするのだな」とそれをただそのままにしておいてください。気づきをあるがまま「そうなんだ」と認知するだけ。分析もさらなる考察もしません。これが、自己内省を進めていく上で最も大切なコツです。

まずあなたの中に、どんな「イケてる私」とどんな「ダメな私」がいるかをただ俯瞰して眺めて観ましょう。

「イケてる私」とは何か？

ワークシート『イケてる』欄にあなたが書いたことを観てください。

内省のための問い

① あなたはなぜその自分を「イケてる」と思っているのでしょうか？

② 「イケてる私」はあなたが本当にそうなりたいと望んでいる自分ですか？

改めて気づいたことをワークシート『気づき』欄に記入してみてください。

振り返りのポイント

「イケてる私」とはどんな自分でしょうか。

「イケてる私」とは、人にウケがよくこの社会に適合する上で都合がいいと思い込んでいる自分の中にある性質です。そして、「ダメな私」とはその逆で、社会に適合する上で都合が悪いと思っている自分の中にあるものです。

「イケてる私」は、自分でこれが「イケてる」と自覚的に選んだわけではありません。こういう自分は世界に受け入れられない、こんな自分では生きていけないという不安と怖れから、自分の外側にある期待、正しさ、常識に適合できる自分を「イケてる」といつの間にか無自覚に思い込んだだけです。

もともと自分がそうなりたかったわけではない。でも人からみると、脅かされたり不快にされることのない「いい人」。それが「イケてる」自分の正体です。このように外側に無自覚に適合している限り、私たちは本当にありたい自分を選ぶことは決してできません。

「あなたはなぜそれを『イケてる』と思ったのですか?」

こんなことを自分に問うことは、普段はなかなかありません。自己内省では、普段は考えたことがないようなことを問うことに意味があります。それによって、自分が無自覚に採用している自分の信念や思い込みに気づくことができるからです。人間は幼少期に採用した信念・思い込みを検証することなく何十年も真に受け、無自覚に握りしめています。このような問いを自分に問うことで、今自分はどんな思い込みから生きているのか、それは自分にとって本当に望ましいのか、ということを検証できるようになります。

「ダメな私」はただある

ワークシート『ダメ』欄にあなたが書いたことを観てください。

① 「ダメな私」はたくさん出てきましたか？　それともなかなか書けませんでしたか？
それはなぜなのでしょうか。

② 私は自分をそんなふうにみているんだなぁ、とただただそのままを観てください。そ

うしていると、どんなことを感じるでしょうか。何か感じることがあれば、それを書き留めてください。

改めて気づいたことを、ワークシート『気づき』欄に記入してみてください。

振り返りのポイント

「ダメな私」が、たくさん出てきた人もいるでしょう。まずは、それを祝福してください。「ダメな私」でも別にいいんだ、とポジティブに捉えようとしているのではありません。そんな自分を自分はダメだと思い込んでいるんだ、と自分がただそのことを理解することが、あなたにとっては祝福なのです。「ダメな私」がいると思っていること、それ自体に、いい・悪いはありません。でも、それを自覚することで、ここからさらに自分を理解していくことができます。人間は、あることを評価判断なくただ感じながら観ることができると、それをどうにかしようとすることなく、ありのままを受け入れ、安心できるのです。だから、「ダメな私」を抵抗なくありのままで観ることができたことはそれだけで祝福なのです。

「イケてる私」ばかり書いて、「ダメな私」がなかなか書けなかった人もいるでしょう。

自分は常に「イケてる私」であろうと頑張ってきて、実際にけっこうイケている自分だと思っているのかもしれません。そう思っている人は「ダメな私」なんて思い浮かばず、「イケてる私」ばかりを書いたかもしれません。でも「イケてる私」であろうと努力をしてきたということは、本当はイケてる前、努力を始める前のあなたも必ずその裏に存在しています。私たちは基本的には「ダメな私」出身で、そこから「イケてる私」になろうと自分を駆り立ててきて、今ここにいるのです。

「ダメな私」を常に克服している、もしくは克服しようとしている人は、「ダメな私」が本当は自分の中にいるのに、無自覚にそんな自分はないことにしている可能性があります。「イケてる私」には裏に対となる克服しようとしている「ダメな私」がいます。それを観てみることが無自覚な自分に気づくことになります。

また、「ダメな私」がいることを自覚していながら、それは「ダメと思う必要はないんだ」「ダメでもいいんだ」とポジティブに思考で置き換えようとすることも、自分の中に「ある」ものを「ない」ことにしようとする抑圧に過ぎません。『あること』を思考で『ないこと』にしようとしても決してそこにあるものはなくなりません。「ダメな私」がいると自分が思っている、これが『あること』だからです。何であったとしても『あること』を『ないこと』にすることは決してできないのです。

繰り返しますが「ダメな私」がいることに、いい・悪いはありません。ただそう思い込んだ自分がいるというだけです。あるものはあるのです。それを思考を使ってなんとかないことにしようとしても、そこにある限りは必ず自分に影響を及ぼしています。自分を知らないうちに動かしているこの影響に気づくには、この無自覚な部分に光をあてて、ただそうだったんだと気づくことが大事なのです。

「ダメな私」を見つけられないという人は、自分がどんな事に反応するかを観ることもおすすめです。あなたが他人に言われるとイラっとしたり、ムカっとしたり反応してしまうことはありませんか？　自分が自覚していないことでも、身体は正直に反応します。その身体の反応を手掛かりにすることも、自分の中にある無自覚なことに気づく方法です。

全体の振り返り

このワークを通じて、あなたは自分の中にある無自覚だった自分の内側にある自己分離の構造を理解しました。ワークシートに自分が書いたこと、このワークブックに書いたことを振り返ってみて、改めて感じてみてください。すべてのワークは考えることよりも感じることが大切です。

それから、もし、この「イケてる」「ダメ」の真ん中を分ける線が自分の内側になく、何があってもただあるものすべてを自分がありのままで受け入れられていたら、どんな自分がそこにいるのかを想像してみてください。

改めて気づいたことをワークシート『気づき』欄に記入してみてください。

ワーク全体の内省ポイント

人間が自分の内側に何があるのか、に無自覚である限り、本当にありたい自分を選ぶことはできません。こうしているつもり、ではなく『自分は本当には何をしているのか』、『その行動は何がつくり出しているのか』、それを自覚できれば、無自覚に自分を動かしている信念や思い込みに気づき、そこで初めて違う選択肢が生まれるのです。「何があるか」に気づけなければ「どうしたいか」は選べません。どうすべきかわかっていても実行できない理由はそこにあります。

自分を理解するとは、それまで無自覚だった「自分の中に本当にあること」に気づいていくことです。人間は、内側にあることに気づけば、自分が本当はどうしたいのかは自然にわかるようになっています。

私たちは、自分の中に「ダメな私」を抱えて隠していたいわけでもないし、外側に都合のいい「イケてる私」になりたいと思ったわけでもありません。自己分離の構造を理解し、観ることができたとき、初めて本当にありたい自分とは何かに意識を向けることができます。

外側に適合しようとしている限り、自分が外側に受け入れられるためには何かしないといけない、という強迫観念が起点となります。そこから生きていると、恒常的な不安と怖れから、世界は危険なところで自分は人にどう思われるのか、どう見られるのかを常に意識していなければなりません。

この意識から世界に対する信念「世界は〇〇だ」、ができています。「世界は〇〇だ」と世界を言語で描写することで、自分がその定義づけた世界に対してどうやったら受け入れられるのかを考えることできるからです。

そして、その世界に対する信念から「イケてる私」「ダメな私」という自己分離が生み出されるのです。

その状態では、ありのままの自分でいていい、という安心は永遠に訪れることはありません。自分の中に「ダメな私」を抱えているからです。この内的な自己分離がある限り、人からどう見られるかという怖れがなくなることはなく、止むことない分離がつづきます。自分の中にこの自己分離がある限り、この怖れから外側にいる人たちと関わるため、人との関係性は分離を前提としたものになります。外側の人たちに対して、ありのままの自分でいていいとは思えないのです。

外側の世界とそこにいる人との真のつながりは、ありのままの自分でいていいという安心から生まれます。しかし、自分がこの「ダメな私」を認めない限り、人からどれだけ「イケてる私」を承認されていても、ありのままの自分は受け入れられません。自分で受け入れられない自分が内側にいる限り、外側でどれだけ受け入れられたとしても、自分の内側ではそれを決して受け入れず、「自分は受け入れられない」という世界をずっと生きつづけていくしかありません。

「ダメな私」を認めるとは、そういう自分もいるよねと、いい・悪いの判断なくあることを、ただある、と認めることです。自分のありのままを認めるとは、「イケてる」も「ダメ」も自分が無自覚につくり出した「概念」でしかないことに気づき、「イケてる」「ダメ」の真ん中にある線を引いて自分を評価・判断せず、どちらの自分もあるのが自分だとひとつの円（〇）である自分をすべて、ただ認めることです。こうして自分にあるすべてを「ある」として認めることが、自分を受容するということ（自己受容）です。

この自己受容によって、ありのままの自分でいていいという安心がうまれ、外側の世界やそこにいる人たちとの真のつながりを感じることができるのです。

1章のまとめ

- 無自覚につくられている自己分離に自覚的になる（＝気づく）ことで初めて、外側に自分が適合して生きてきたことが腑に落ちる。
- 自己理解とはそれまで無自覚だった自分の内側にあることに気づくこと。
- 自己受容とは、自分の中にあることを、いい・悪いと評価・判断することなく〝それがあるんだね〟とあることをただあるがまま認めること。
- この自己受容があって人は初めてありのままの自分でいる安心感が生まれる。自己分離がある限りは何かにならなくてはいけない強迫観念、怖れや不安によって、ありのままの状態でいることができない。

COLUMN

HMTの世界観：全体性

Human OS Migration Technology

私たち人間は、生きとし生けるものをつなぐ命の網の目の一部として存在しています。

「自分という存在は全生命のつながりの中の一部である」

これが真実です。

生命の世界は、それぞれが唯一無二の存在としてどの種も全体の中でそれぞれの役目を果たし、全体として進化を遂げています。

「自分は生きとし生けるもの全体の網の目の中で生かされている」

「唯一無二の存在として全体の命の一部を担っている」

それが人間の本来の自然な姿です。

自分の命につながって生きる世界は、生かされている幸せを実感できる世界です。

生命の世界には、いい・悪いという評価はなく、「あるものがただある」という全体性からすべてが存在として既に受け容れられています。

生命につながって生きるとは「何があっても命の観点からは最善である」という信頼と安心感から、自分に起こる出来事や体験、内側にあることすべてを受け容れ、あるものを

■ HMTのもたらすパラダイムシフト

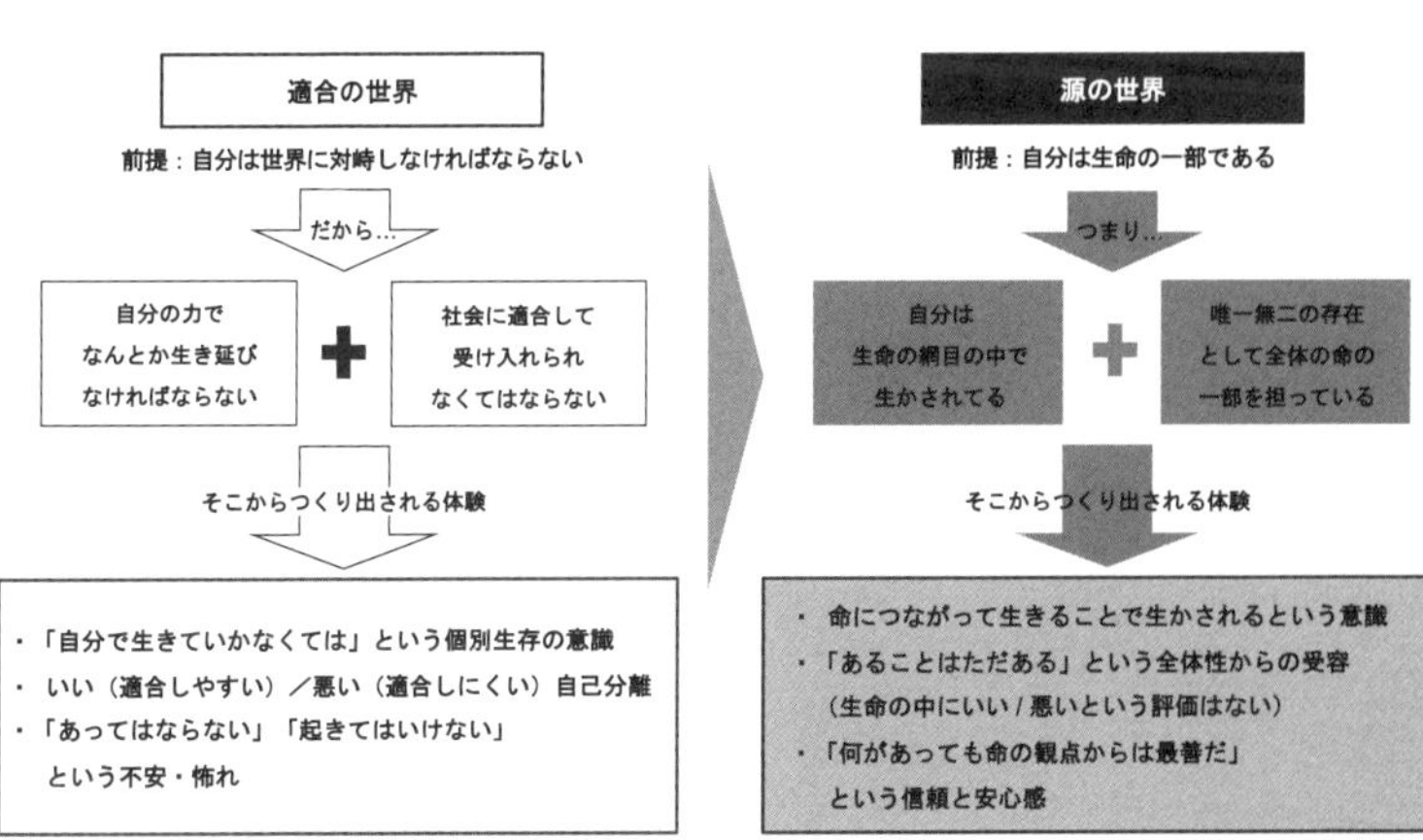

感じ、そこにある真実を理解して、その真実にある智慧から生きることです。

私たちは自分の内側にある生命に、感じる世界を通してつながることで、生命全体を生かしている「源（the Source）」と呼ぶ意識と智慧から生きることができます。その意識から生きることで、自分の命の中にあるものすべての本当の価値を認め、理解し、命に叶う体験、現実を外側の目に見える世界で創造できるように創られています。

私たちはありのままですでに受け入れられているし、自分の命に適う世界を創り出すことができる創造者として生きることができるのです。HMTと名づけている人間の内的世界を扱うテクノロジーは、人間が生きている世界観の土台となっている意識をシフトするプロセスを支えるものです。

第1部 ワーク

2章

ダメな私の実体

このワークの意図

- 人生は「ダメな私」をなんとかしようとする行動で埋め尽くされていることに気づきます。
- 人間は自分が自分を扱うようにしか人を扱えないこと、自己理解が他者理解につながることを理解します。
- 自己分離に基づく回避行動からは必ず分離の体験が創り出されることに気づきます。

「ダメな私」のままでいられない

あなたは、1章のワーク「イケてる私・ダメな私」を通じて、無自覚に自分の内側につくられている自己分離の構造を理解しました。

自我が生まれてから私たちは、世界は自分よりも先にすでにあるもので、自分は分離した個体としてこの世界でなんとか適合して生きのびていかなくてはならないと思い込んでいます。ここが行動に向かう意識の起点となっているため、「人に受け入れられない自分はダメだ」と判別をして、自分にあるものに対しこれは「ダメ」だ、これは「よい」という二元的な世界を無自覚につくりあげます。この「ダメ」「よい」という二元的な世界は誰しも自分の内側に持っています。

人間はこの「ダメな」に分類される自分に対して何かしらの行動を起こします。自分の中にある「ダメな自分」を、そのままで放置するわけにはいきません。そんな自分は受け入れられないと思っているため、ダメな自分を努力して克服しようとしたり、そんな自分を外側でバレないようにする（隠す）からです。また、自分の弱点や欠点を反省し、それ

■「適合」の人生と自己分離がつくる行動パターン

“適合”の人生：この世界が自分を受け入れてくれなかったら生きていけない

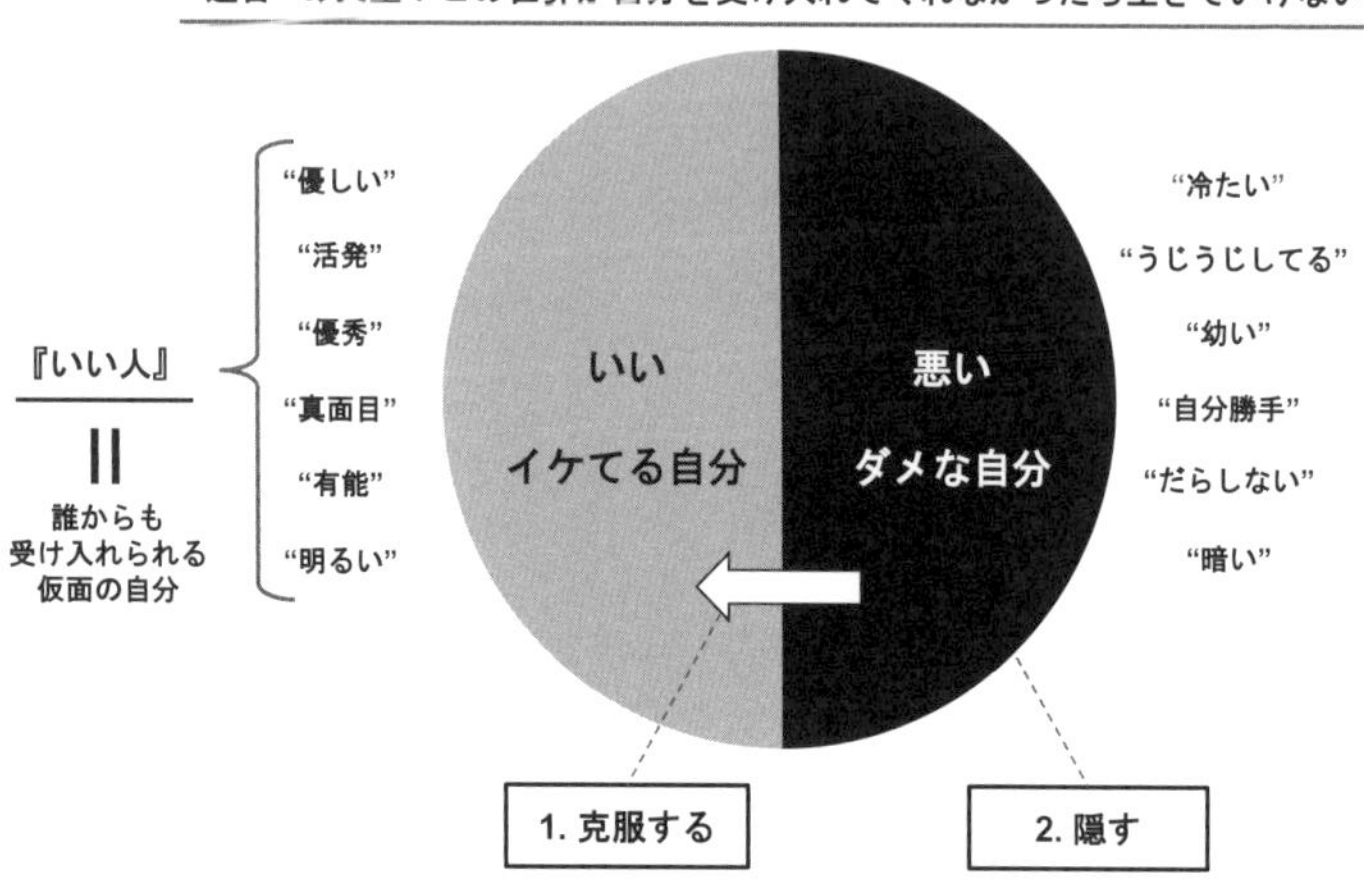

を克服するように頑張ることが成長であり、それがいいことだという教育もされて育っています。

ダメな自分を克服しようとしたり、バレないように隠そうとすることで、人間は確実に能力を向上させることができます。ダメな自分を克服し、ダメな自分を上手く隠し、受け入れられやすい自分を演じることで周囲に認められ、能力も上がって成長を感じ、生きる効力感も得られます。だから、このプロセスは人間が発達する上で必要な体験でもあります。

でも、一生そればかりをやっているとしたら、あなたは幸せでしょうか？

2 「ダメな私・人をどうしようとしているか？」のワーク

ダメな私	そのダメをどうしようとしていますか？

ダメな人	そのダメをどうしようとしていますか？

気づき

-
-
-
-

※ワークシートはデータをダウンロードできます。詳しくは12ページをご覧ください。

ワーク

――「ダメな私・人をどうしようとしているか？」のワーク――

それでは、ワークシートに記入をしてみましょう。

まず、1章のワーク「イケてる私とダメな私」で記入した「ダメな私」を見ながら、ワークシートの『ダメな私』欄を記入してみてください。

その「ダメな私」のそれぞれについて、ワークシートの『そのダメをどうしようとしていますか？』欄に自分が実際にやっている行動を記入してください。

何を「ダメ」と思っているのか？

ワークシート『ダメな私』欄に自分が書いたことを観てください。

内省のための問い

① 何を「ダメな私」だと思っていますか？

② それはどうしてですか?

改めて気づいたことをワークシート『気づき』欄に記入してみてください。

振り返りのポイント

「ダメな私」として記入したものから、自分が何をダメだと思っているのかをさらに明確にしていきましょう。

「なぜダメだと思うのか?」

「どんなことがダメなのか?」

と自分に問いかけてみてください。

「ダメだ」ということの奥には、その「ダメだ」を評価・判断する元となる何かしらの信念・思い込みがあります。その信念・思い込みを探って観てみてください。

自分の回避行動のパターンを知る

ワークシート『そのダメをどうしようとしていますか?』欄に自分が書いたことを観てください。

内省のための問い

① どうしてそうしているのですか? それをすることで何を得られているでしょうか?

② ダメをどうにかしようとしている行動にパターンはありますか?

改めて気づいたことをワークシート『気づき』欄に記入してみてください。

振り返りのポイント

人は「ダメな私」に対して何かしらの対処をしています。ダメな自分を克服したり、ダメな自分を外側に出さないようにする（隠す）ことが、社会的に「正しいことだ」「いいことだ」と正当化されているからです。

でも本当は、私たちは「ダメな自分を感じると痛い」、「ダメな私を感じると不快」だから、その痛み・不快を味わうことを避けるためにダメな私をあってはならないと拒絶し、克服したり、隠したりしているのです。

さらに本当はその痛みや不快感を避けているだけなのに、正しさや「べき論」でそれを「いいこと」にしたり、「自分がやりたいことだ」と意味づけて、その行動を正当化しています。

この痛み・不快を避けるための行動を「回避行動」と呼びます。

「適合の人生」で私たちがとっている行動は、生存するのに不都合な「ダメな自分」が内側にあることの怖れと不安から、この「ダメな自分」をどうにかしようとしている回避行動だけで実質的には埋め尽くされています。適合する限り、私達の人生は回避行動しかしていない、といっても過言ではありません。

回避行動には、ダメな自分を努力して克服しようとする「克服型」と、不安・怖れが強くダメな自分を隠そうとして勝負を避ける「逃避型」の2つのパターンがあります。

私たちはこの克服型と逃避型の2つのパターンの両方を回避行動としてやっていますが、どちらを主としているか、人によって傾向があります。

一般的に、適合世界で優秀だと言われている人たちは、克服が得意な傾向があります。それは、克服することが私たちの社会で奨励され、期待されているからです。ですから、私達の社会では、「克服型」が過剰に評価されています。

しかし、克服も逃避も「ダメな自分」をどうにかしようとしている、ダメな自分を感じる痛み・不快を避けようとしているだけで、やっていることは本質的には痛み・不快の回避であり、そこに違いはありません。

この回避行動を通して能力は着実に伸びますが、どれだけ能力がついても「自分はこれでいいんだ」と、ありのままで満たされる日はやって来ません。それはなぜなのでしょうか。

「○○はダメ」という考えの奥には「○○だと××〝ない〟」という怖れ・不安の信念・思い込みがあります。(例:「自分勝手はダメ」。だって「自分勝手だと嫌われる(好かれ〝ない〟)から」)。その〝ない〟という体験をしないためにとる行動が回避行動です。

でも、自分の中に〝ない〟という信念・思い込みがある限りは、どれだけ回避行動により〝ない〟を変えようとし続けても「やっぱり…〝ない〟んだ」という体験が必ずやってきます。「〝ない〟がマシになっていく」感覚はあるかもしれませんが、回避行動で〝ない〟という体験

■ 克服と逃避

克服優位	逃避優位
● 努力して克服しようとする	● 不安・恐れが強く逃避する
● 力で攻める ○ 勝負する ○ 達成する ○ 能力を上げる / 見せつける / 証明する	● 逃げる / 避ける ○ 勝負しない / 負けを避ける ○ やらない / やらない理由を見つける ○ 隠れる / 目立たないようにする
● 文句を言う / 主張する	● 言い訳する / 隠す / ごまかす
● 要求する（なんで〇〇しないの？）	● 調和的（不快にさせたくない / なりたくない）
● 外に向かってエネルギーを使う（行動が増加する）	● 内に向かってエネルギーを使う（結果、ぐるぐる思考が逡巡する）
⇒ 行動が目に見えるので、社会的に評価されやすい	⇒ 内側にあることが見えないため、社会的に評価されにくい

を補いきることは決してできません。だから自分勝手を解決し、回避行動が終わる日はやってきません。どれだけ能力がついても「ダメな自分」は決してなくなることなく、自分の中にずっとあります。

それどころか、ダメをうまく克服すればするほど、「ダメがバレちゃう」怖れも大きくなり、隠さなければいけないという圧力は大きくなり、ありのままのダメな自分を外側に表現できる余地はどんどん小さくなります。

どれだけ克服しようとしても「自分はこれでいいんだ」というありのままを受け入れられる日はきません。克服のバーだけがあがり、その回避行動を卓越し続けるしかありません。しかも自分に対して厳しく克服しようとすればするほど、周りの人にも同じ克服や努力を要求し、それをしない人に対して見下したり、軽蔑したり、批判したりするので結果として周りとも分離していきます。

回避行動はあるところを境に、やればやるほどマシになるどころか、自分とも他者とも分離が加速し、そこから不本意な事象が現実に起きてきます。

ダメな人をどうしているか？

今度は、あなたのダメではなく、あなたが「ダメだ」「イケてない」「ああはなりたくない」と抵抗を覚える人を思い浮かべてください。そして、それをワークシートの『ダメな人』欄に追記してみてください。それから、ワークシートの『そのダメをどうしようとしていますか？』欄に、あなたがその「ダメな人」「イケてない人」に対して実際にとっている行動を記入してください。

内省のための問い

① その人の「ダメ」「イケてない」は、あなたが自分に対して「ダメ」だと思っていることと、何か関係はありますか？

② あなたがその人にとっている・とりたくなる行動は、あなたが自分の「ダメ」を回避するためにとっている行動と何か共通点がありますか？

改めて気づいたことをワークシート『気づき』欄に記入してみてください。

振り返りのポイント

あなたが「ダメだ」「イケてない」と思う人はどんな人だったでしょうか。

実は「ダメな人」「イケてない人」は、あなたが自己分離している内側にある自分です。

つまり、「ダメな人」「イケてない人」はあなたの中にある「ダメな自分」の投影なのです。

あなたが自分に赦していないこと、つまりあなたが内側で分離している自分を「ダメな人」「イケてない人」として、あなたが外側の現実に現しています。

「ダメな人」「イケてない人」としてあなたが外側に映し出したものは、嫌悪感とかイラだちといった不快な感覚によって、あなたが内側で何を分離しているのかということを、教えてくれているのです。

だから、あなたがその「ダメな人」「イケてない人」に対して実際にとっている行動は、あなたが自分の「ダメ」に対してとっている行動と同じようなものになるはずです。

あなたが自分のダメを克服する傾向があれば、他の人にもそれを要求しているかもしれません。あなたが自分のダメから逃避する傾向があれば、ダメな人、イケてない人から遠ざかろうとしたり、あきらめたり見切ったりしているかもしれません。

人間は、自分自身にやっていることを人や外側の世界に対しても必ず同じようにやっています。自分にやっている以上のことは人に対してできないのです。自分が自分自身の扱い方を変えない限り、人や外側の世界との関わり方も変えることはできません。だから、自分を理解することが他者を理解することにつながるのです。自分を理解することで自分につながり、そこから他者を理解することで他者につながることができるのです。

この社会で評価されている人（出世している、成功しているなど）は強い克服型です。だから、その人たちは逃避型の人をなかなか理解できません。克服型の人は、逃げるとか負けるとかあきらめる、という逃避的な行為を自分に許さず、逃避したい自分から分離しているからです。だから、克服型の人は、逃避的な行為を批判したり、努力を迫ったりと自分の外側でも克服を求めます。克服型の人が自分の逃避に対する内的分離を理解すれば、逃避型の特性が強い人を理解することができるようになります。

全体の振り返り

このワークを通じて、あなたは自分の自己分離と回避行動を見つめてきました。回避行動をしている限りは、自分の中にある部分と分離した状態なので、どれだけ行動しても結局は周りの人や外側の世界とどこかで分離してしまいます。外側で起こっていること・現実に対してより効果的に関わるためには、自己分離から創り出されている自分の回避行動の構造を理解する必要があります。

もし、あなたが自分の中にあるものに抵抗する回避行動ではなく、行動自体を真に自分の喜びとすることができるとしたらあなたはどんな状態になり、どんな体験をするでしょうか？

これまでにワークシートに自分が書いたことを振り返って、改めて全体を観て、感じてください。そして、気づいたことをワークシート『気づき』欄に記入しましょう。

ワーク全体の内省ポイント

あなたが自分の自己分離を観ることがなければ、残念ながら人生は無自覚な回避行動で埋め尽くされているはずです。そして無自覚なままならそれで人生が終わってしまいます。回避行動をとり続けて生きることで、能力が上がり成長し、何かマシな者になれそうな効力感や成功を得ることはできるかもしれません。回避行動の克服型、逃避型に「いい・悪い」はありません。

でも、これを死ぬまでやり続けたいですか？　と問われたらどうでしょうか。

外側で現れることは自分の内側の鏡です。回避行動では現実は変わりません。内側にあるあなたの自己分離「あってもいい自分／あってはいけない自分」という二元的な世界が、外側にも「起きてもいいこと／起きてはいけないこと」という二元的な世界をつくり出します。

この「いい・悪い」という二元的な世界を生きている限りは、起きてはいけないこと・あってはいけない自分が現実の体験となる不安と怖れから自由になることはありません。自分がありのままであっていいという安心と生きているだけで満たされているという充足を感じることは難しくなります。

また、自分を扱うようにしか他者を扱うことはできないため、自己分離がある限り、自分の内的な分離が外側に映し出され、他者との分離の体験が生まれます。そして、その分離がさらなる自分の怖れ・不安になっていくのです。

2章のまとめ

- 自己分離に無自覚でいると、人生が回避行動で埋め尽くされていることに気づけない。
- 人間は自分を扱うようにしか人のことを扱えない。だからこそ自己理解が他者理解につながっていく。
- 自己分離に基づく回避行動をしている限り、自分の内的分離が外側に投影されるため、外側にも他者と分離を感じる体験が生まれる。

COLUMN

HMTの世界観：「適合」の世界と「源」の世界

Human OS Migration Technology

人は不安と怖れから生きのびるために生まれているわけではありません。本当はつながりの中で信頼に根ざした安心感から自分の命を満たし、充足を感じて生きられるようにできています。

自分の内側に分離がなく、自分の命にあることすべてをどんな時もただあることとして受け入れ、感じられれば、外側に起きてはいけないことは何もなく、外側の事象に対して「起きてしまった」と分離して被害者のように無力感に苛まれることもありません。生きるとはあることすべてを体験することです。本当はあってはいけない体験はありません。快・不快から体験を選り好みするのではなく、自分の命にあることすべてを感じて理解し、そこから行動し、外側に起きることも体験として味わっていく。そう生きることができれば、自分が体験するこの世界は、すべて自分の内側からつくり出されていることがわかってきます。

自己分離を抱えて適合の世界を回避行動から生きるのか、自己受容から源の世界を生きるのか、その2つの世界にはまったく次元の違う体験があるのです。

■「適合」の世界と「源」の世界

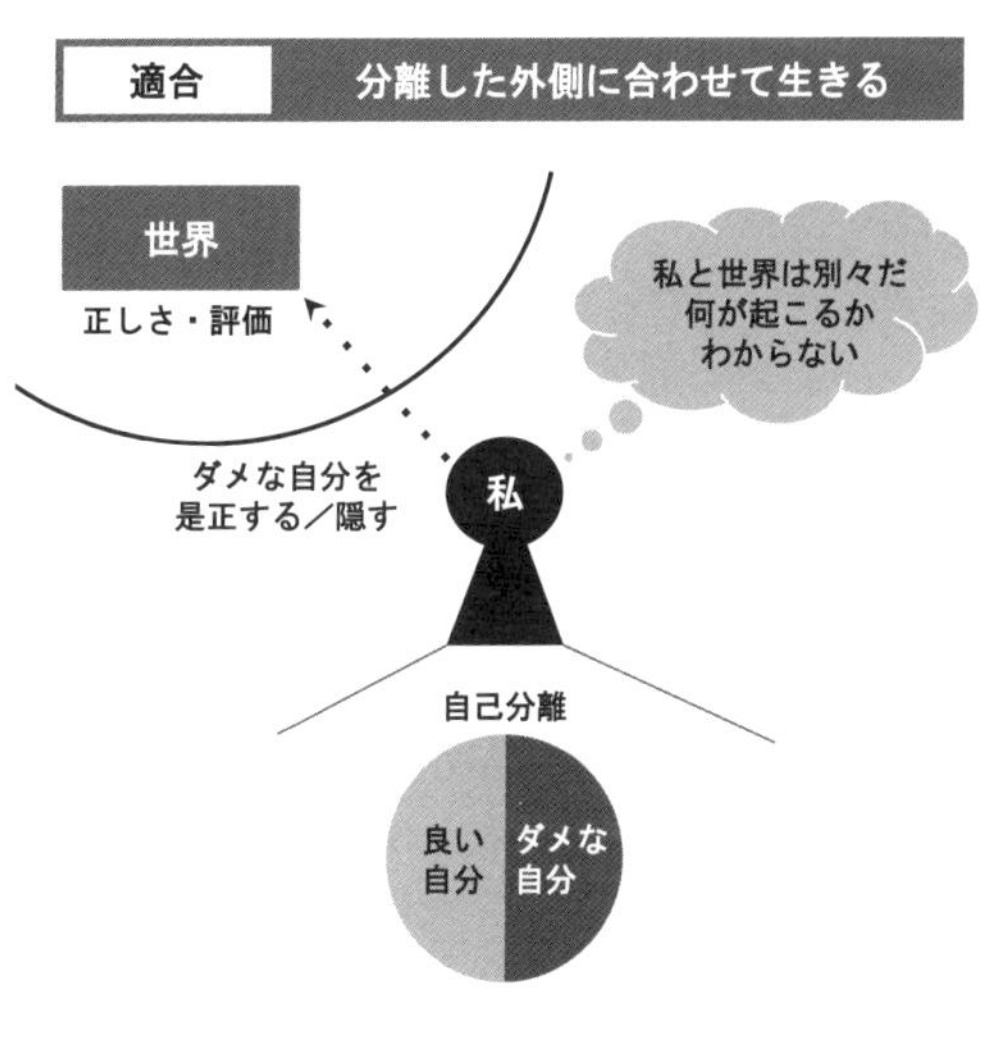
適合
分離した外側に合わせて生きる
世界
正しさ・評価
私と世界は別々だ
何が起こるか
わからない
ダメな自分を
是正する／隠す
私
自己分離
良い
自分
ダメな
自分

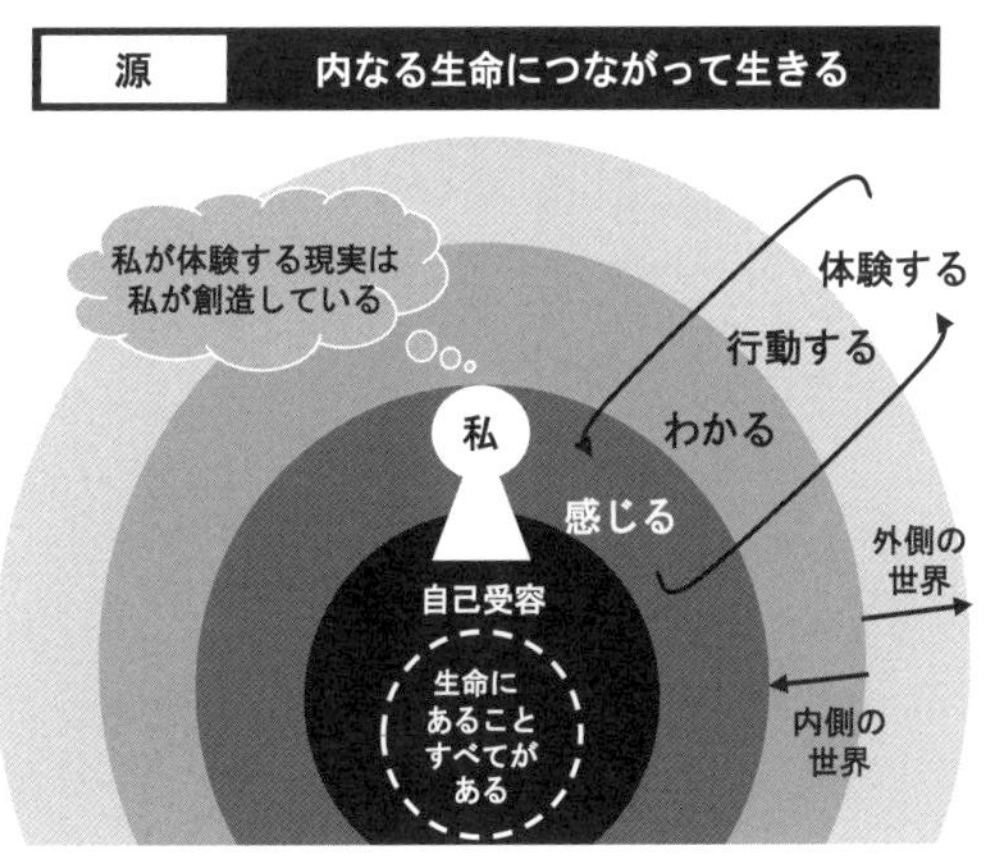
源
内なる生命につながって生きる
私が体験する現実は
私が創造している
体験する
行動する
わかる
感じる
私
自己受容
生命に
あること
すべてが
ある
外側の
世界
内側の
世界

3章

世界に対する私の信念

このワークの意図

- 自分がこの世界に対してどのような前提をもっているのかを知り、そこから無意識に生み出されている行動がどんな現実を引き起こしているかを観てみます。
- 「まず無自覚な信念があり、そこから行動が生まれ、そして現実（体験）がつくり出される」信念↓行動↓現実（体験）の構造を俯瞰し、「ひとりの人間の内的世界がその人の外側の現実をつくり出している」という原理を理解します。
- 自己分離の奥にある、無自覚な信念・思い込みに気づきます。

「この世界」は私にとってどんなところなのか？

適合の世界観では、私が生まれる前に世界はすでにできあがっていて、肉体を得て生まれ出た私たちはあとからこの外側にすでにある世界に参画していく、という認識になっています。そのために、先にあるこの世界ではじかれたら生き残れず、したがって、すでに確立しているこの世界に対してちっぽけな自分は何も影響は及ぼせない、世界はもともとこういうものだ、だから自分を合わせていくしかない、違和感を覚えても変化を起こすことなんてできないという無力感やあきらめを抱えるようになります。

自分で変えることなどできない与えられた環境に適合するために、この世界はこういうものだという概念を固定化し、その世界に「対して」どうしたらうまく適合できるのかを考えるようになります。そこからこの外側の世界に対する信念、「この世界は○○だ」が無自覚のうちに自分の中にできあがります。「世界は○○だ」と描写することで、自分が生きていかなければいけないこの世界でどうしたら受け入れられるのか、を考えることができるからです。

■「適合」の世界

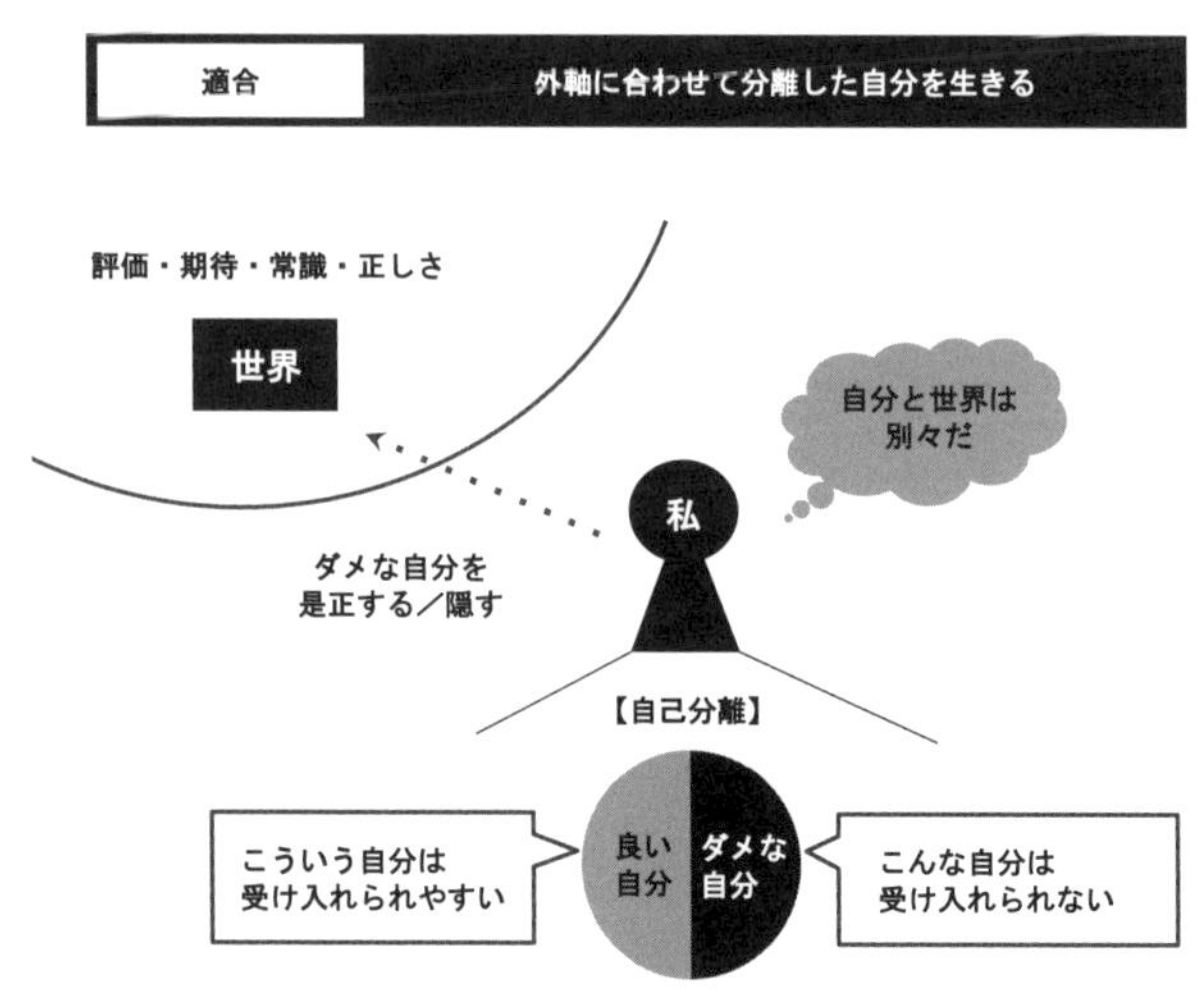

1章のワーク「イケてる私とダメな私」では、自分がこの世界に適合するために、どんな自分を採用してきたのか、どんな自分を切り捨てたり抑圧してきたのか、を内省することで、自分の中にある分離の構造（自己分離）を観てみました。

この3章のワークでは、その自己分離を生み出す元にある、私が適合しようとしてきたこの世界に対して、私は「そこはどのような世界だと思い込んでいるのか」という無自覚な信念を探究します。

まずは、自分がどのように世界を捉えているのかを知り、そこからとっている行動がどんな現実を生み出しているのかを観ていきます。

3

「世界に対する私の信念」のワーク

① 世界は○○だ（信念）	➡ ② だから私は○○している（行動）	➡ ③ 結果何が起きているか（現実）
➡	➡	
➡	➡	
➡	➡	
➡	➡	
➡	➡	

気づき

-
-
-
-

※ワークシートはデータをダウンロードできます。詳しくは12ページをご覧ください。

ワーク

――「世界に対する私の信念」のワーク――

それでは、ワークシートに記入をしてみましょう。

ワークシート『❶世界は◯◯だ』欄に、あなたが知らないうちに無自覚に持っていることの世界に対する信念「この世界は◯◯だ」「この世界は◯◯なところだ」という自分の中にある考えを書いてください。

次にワークシート『❷だから私は◯◯している』欄に、その信念から実際にあなたがとっている自分の行動を書いてください。

最後に『❸結果何が起きているか』欄に、あなたが持っているその信念から行動した結果、あなたがどんな体験をしているのかを記入してください。

あなたは「世界」をどのように捉えていますか？

ワークシート『❶世界は◯◯だ』欄にあなたが書いたことを観てください。

内省のための問い

① その信念はいつから持っていますか？

② その信念はどんな体験から生まれたのでしょうか？　何か心当たりはありますか？

③ その信念を持つことで何が得られると思っていますか？

改めて気づいたことをワークシート『気づき』欄に記入してみてください。

振り返りのポイント

私たちが世界に適合するための方法や対策を考えるには「この世界は〇〇だ」「この世界はこんなところだ」というようにまず世界に対する認識を確定させる必要があります。そのために私たちは誰もがいつの間にかこの世界に対して何かしらの信念を持っています。

ここでは、あなたがいつの間にかこの「世界」に持っている信念・思い込みを顕在意識に浮上させていきます。あなたが持っている信念に「いい・悪い」はありません。自分にある信念を書き出してみてください。

私たちの世界に対する信念は私たちの「痛み」の体験からつくられています。痛みとは「〝あるはず〟のものが〝ない〟」という体験です。私たちは痛みを体験した時、その痛みをそのまま感じていることができず、その痛みの不快感からなんとか自分を切り離し、感じなくするために、「世界は〇〇だ」（だから自分が求めている、あるはずのものがなくても仕方がない）、と思考でもっともな理由づけをし、客観的になることで痛みを感じないようにします。これによって世界に対する私たちの信念が出来上がります。

だから、痛みの体験からつくられた世界に対する信念は「〇〇がない」といった〝ない〟という概念の世界でできています。そして、この〝ない〟という欠損・欠落の信念を持つと、この〝ない〟という状態のままでいることは不快なのでそれをどうしたら〝ある〟にできるか、と快を求めて考え、その考えから行動が生まれます。こうして私たちは、自覚的にせよ無自覚にせよ、何かしらの信念を元に行動しているのです。

ここでいう信念とは、このように自分の行動の元となっているものを指しています。信念は行動を通して体験する現実をつくり出す力があります。『❶世界は〇〇だ』を書いても、そこから実際にあなたがとっている自分の行動『❷だから私は〇〇している』が出てこない場合は、それは信念ではないと思ってください。

私たちの行動は、必ず何かしらの信念から起こっています。行動と紐づいているものが信念であり、だから自分の行動の元となる信念に気づくことが自分を理解することにつながります。行動を伴わない考えや思考は、実際にはあなたの体験・現実を変える力を持たないただの概念でしかありません。

だから私は〇〇している

ワークシート『❷だから私は〇〇している』欄にあなたが書いたことを観てください。

内省のための問い

① 行動の奥にある信念は何でしょうか?

② その行動をしているのは、だって〇〇だから、という〇〇に入る言葉を考えてみてく

ださい。

改めて気づいたことをワークシート『気づき』欄に記入してみてください。

振り返りのポイント

次に『❶世界は○○だ』というあなたの信念から、あなたがどのような行動をしているかを観ていきます。

自分の行動がもし、あなたが『❷だから私は○○している』が浮かばない場合は、『❶世界は○○だ』であなたが書いたものが信念ではなく、単なる思考の概念であると思ってください。その場合は、あなたが日々やっていることを思い出してみてください。あなたの行動には、それの元となる信念が必ずあります。「その行動をなぜしているのか？」を観てみて、改めて『❶世界は○○だ』欄に、その行動の元にある信念を記入してください。

結果 何が起きているか

ワークシート『❸結果何が起きているか』欄にあなたが書いたことを観てください。

内省のための問い

① 結果、現実でどんな体験をしていますか？

② その体験とあなたの信念は何か関係がありますか？

改めて気づいたことをワークシート『気づき』欄に記入してみてください。

振り返りのポイント

ここでは、信念に基づく行動『❷だから私は〇〇している』の結果、どのような現実が起きているかを観てみます。『❶世界は〇〇だ』という信念からあなたが行動したときに、あなたにどんな体験があったのかを観てください。

適合している私たちの行動の本質は、不快を避けるためにやっていることか、起きてしまった不快なことをなんとか快にしようとする回避行動です。つまり、その行動をすることによって現実がよくなり、不快を回避できるはずだ、と無自覚に思い込んで行動にうつしています。

しかし、回避行動の元となる信念を持っている限り、あなたは「やっぱり世界は〇〇だ」という信念通りの世界を体験することになります。私たちが「〇〇が〝ない〟」という欠落の信念を持っていると、それを〝ある〟に変えようとどれだけ行動しても、結局「やっぱり〇〇が〝ない〟んだ」という体験がやってきます。

「ひとりの人間の内的世界が外側のその人の現実をつくり出している」

これが現実創造の原理です。

私たちがよくやる課題解決のための行動は、自分の外側にある課題を特定し、それを何とかよくしようと解決策を考えます。その結果、「どうしたら、何をしたら」よくなるか、という「やり方」、つまりHow toに集中し、行動や消費エネルギーをどんどん増やしています。しかし、「自分の内側が現実をつくり出す」という原則に則ると、このto doを変えることによる課題解決では、一時的に状況が改善した感じがする処方箋になることがあったとしても、抜本的に現実が塗り変わることはないのです。私たちが自分たちの体験する現実を変えるためには、自分の内側にある信念に気づく必要があるのです。

さらに深く内省するために…
「信念を疑い、中庸にもどす」

あなたはこのワークを通じて、自分の無自覚な信念が行動を生み出し、現実をつくり出していることを観てきました。

多くの場合、世界に対する信念・認識は幼少期の体験から知らないうちに構築されています。無自覚であるがゆえに、その信念は「それは本当なのか？」と検証されていないことがほとんどです。その信念は自分が望んだものなのでしょうか？

知らない間に自分が握りしめてしまった「世界」に対する認識をもう少し観てみましょう。

内省のための問い

① その信念は本当ですか?

② 本当だとしたらなぜそう言い切れるのでしょうか?

改めて気づいたことをワークシート『気づき』欄に記入してみてください。

振り返りのポイント

自分の信念が外側の世界をつくっていることに気づけると、現実を変えるためにアプローチすべきは〝何〟をしたらいいか、という「行動」ではなく、〝どこから〟行動しているのか、という行動の起点となっている「信念」であることがわかります。

あなたが持っている世界に対する信念はほとんどの場合、目の前の望まない現実に対して何もできないという無力感を覚えた幼少期の体験から、痛みを感じ続けなくてもいいようになんとか外側の世界に適合するためにつくり出された思い込みです。

あなたがどんなに能力を卓越させてきたとしても、その信念に無自覚である限りは、自分は無力で現実は変えることができない、とどこかで思い込んだままそれに抵抗することしかできません。

「この世界は変えることはできない」

それは本当でしょうか？

今のあなたは能力を備えた大人として、本当はどんな現実も変えうる力を持っているのではないでしょうか。

あなたが自分の持っている無自覚な信念に気づき「それは本当か？」と検証することで、あなたは自分の体験する現実を変える一歩を踏み出すことができるのです。

「世界は〇〇だ、それは本当ですか？」

「なぜ、それが本当だとわかりますか？」

「そうでない体験／事実はありますか？」

「それでは、どうしてあなたは〇〇と言い切れるのでしょうか？」

「それは本当か？」

こうやって、自分に問いかけることで、あなたが長年無自覚に抱えている思い込みである信念を、そうかもしれないし、そうではないかもしれない、という中庸な状態に戻すことができます。この世界は本当は固定化しているものではありません。どう世界を認識するかは、じつは自由なのです。あなたが世界を中庸なところから観ることができれば、どんな世界も体験できるし、どんな世界ともつながることができます。

さらに深く内省するために…
「自分の本当の願いにふれる」

自分がこれまで持ってきた信念を中庸な世界に戻したときに、あなたは自分のいる世界・信念を選択できるようになります。

内省のための問い

① 本当はこの世界はどんなところであってほしいですか？

② そこから行動するとしたら、どんな行動をとりますか？

③ そうしたら、あなたはどんな体験をすると思いますか？　どんな現実が生まれる可能

性があるでしょうか？
問いに対する答えを書き出してみると、どんな感じがしますか。
改めて気づいたことをワークシート『気づき』欄に記入してみてください。

全体の振り返り

これまでのワーク全体を振り返って、「あなたにとって世界はどう見えるのか」について改めて感じることを、ワークシート『気づき』欄に記入してみてください。

ワーク全体の内省ポイント

『ひとりの人間の内的世界がその人の外側の現実をつくり出している』
これが、現実創造の原理です。
まず信念があり、そこから行動が生まれ、そして現実（体験）がつくり出される。信念

↓行動↓現実（体験）が現実創造の流れです。何かしらのエネルギーの動き・行動がなければ現実は起こりません。その行動の元には、その行動を起こすエネルギーを生んでいる信念があります。私たちは行動が現実をつくり出していると思い込んでいますが、その奥の無自覚な信念が現実の体験をつくり出しているのです。

自分の無意識の中に分離した信念があると、外側の世界でその分離は自動的に事象化し、私たちはその分離を不本意な現実として体験します。

不本意な現実が起きたとき、普通は周りの環境や誰かのせい、もしくは自分とは関係なくその事象が「起きてしまった」と考えます。この状態だと、「自分と現実は切り離されていて、起きてしまう現実はどうしようもない」という無力感から被害者になってしまいます。しかし、自分の体験するすべての現実は、気づいていなかったとしても自分の内側にある何かしらの信念が作用しています。つまり、あなたの現実は自分でつくり出しているのです。信念ではじまり、信念通りの現実が体験として現れる、これが現実創造の原理であり、真理です。

だから、私たちが「世界は〇〇だ」と信念を持つことは、「〇〇という世界をつくることに一票を投じる」ということです。信念は自分で選ぶことができます。私たちは、どんな世界をつくり出したいかを自分で選んで生きることができるのです。

いままで無自覚に、世界に適合できなかったらどうしようという怖れ・不安から「不快」を「快」に変えようとする行動に費やしてきた莫大なエネルギーを、自分が本当に見たい世界を生きることに向けることができれば、自分が本当に望む現実を体験できる人生に変わっていくのです。

私たちの信念とその信念をつくり出している意識を変える。これがこの世界の現実を変容させる道です。

3章のまとめ

- 「ひとりの人間の内的世界がその人の外側の現実をつくり出している」、これが現実創造の原理。
- 「まず無自覚な思い込みともいえる信念があり、そこから行動が生まれ、そして現実（体験）がつくり出されている」。信念→行動→現実（体験）が現実創造の流れであり構造。
- 現実の変化は行動を変えることからではなく、自分の無自覚な信念に気づくことからはじまる。

4章

他者分離の本質

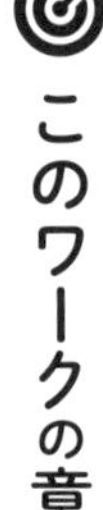

このワークの意図

- 「嫌いな人」を観ることで、自分の内側にある自己分離が自分の外側に嫌いな人という現実をつくり出している（内側を外側に投影させている）ことを体験します。
- 自分の内側にあることを「あるがまま」観て、そこから自分を理解することを体験します。
- 外側に現れる嫌いな人から、自分の中にある自分でゆるせていない「ダメな自分」に気づきます。

「嫌いな人」とは？

私たちには大抵「嫌いな人」や「苦手な人」がいます。なかにはどんな人も受けいれられる自分でないといけない、と人を嫌う自分を自己分離している人もいますが、普通は嫌い、とまではいかなくても、なんとなく苦手とか、できればあまり関わりたくない、といった何かしらの抵抗を感じる人が周りにいるのではないでしょうか。

そんな人はいなければいいと思っても、なぜかそういう人が自分の周りに現れ続けたりします。普通に考えるとそれは好ましくないことであり、それが近しい人の場合だと悩みになったりするのですが、じつはこの嫌いな人の存在は自分を知る上でとても貴重な素材なのです。〝嫌いな人とはつまり何なのか〟を理解できると、知らなかった自分を知ることにつながります。

「嫌いな人」は、実は「嫌いな自分」です。

ここまでの自己分離のワークで体験したように、私たちは自分の内側に「こういう自分はあるべきではない」と、本当は自分の中にあるものなのに、ないことにして分離してしまっている自分がいます。そんなときに、無自覚に自分の中で分離させている「あるべき

■ 嫌いな人の実体

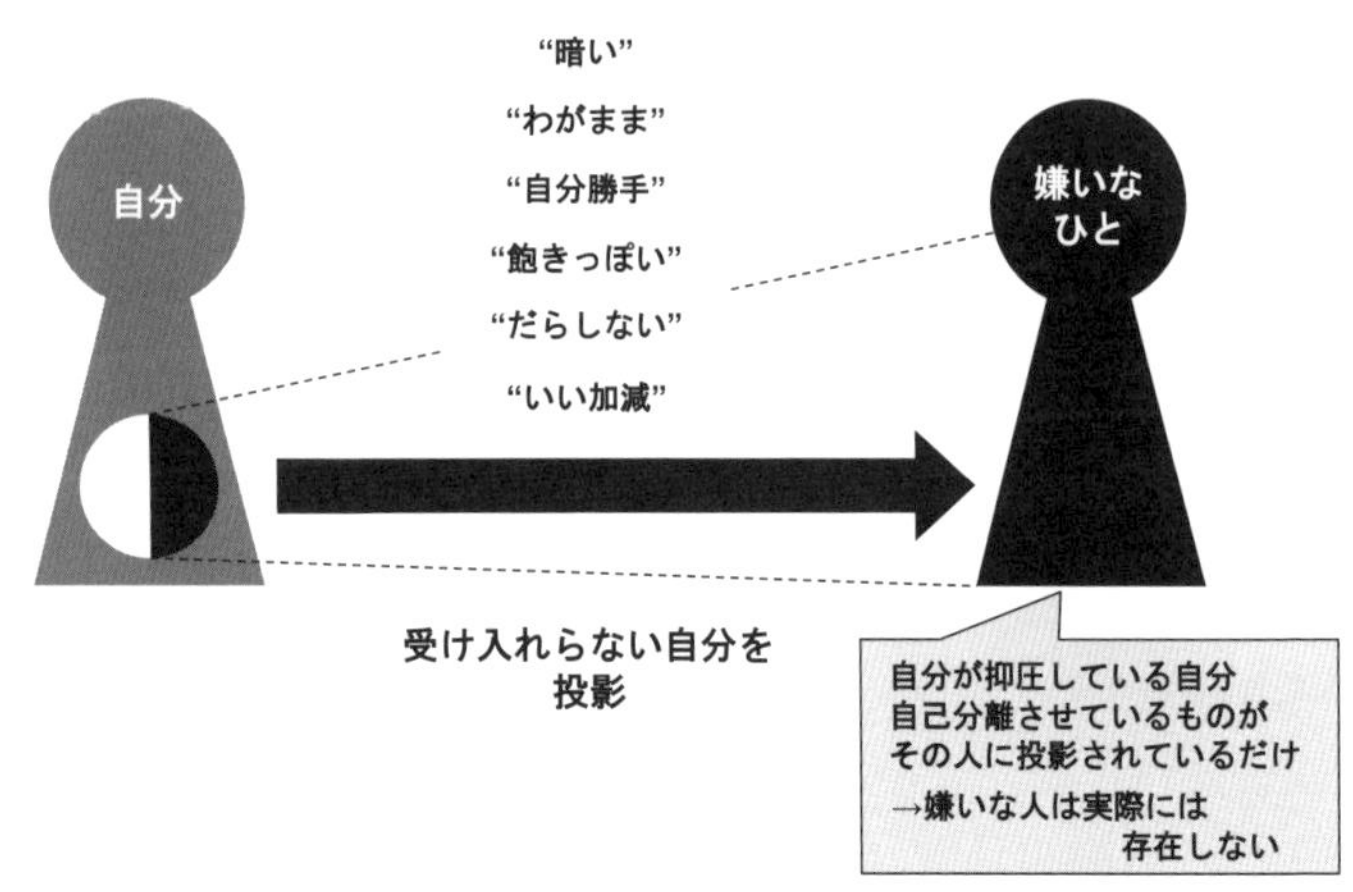

ではない自分」「ゆるせていない自分」の要素を行動で表す人がいると、その人が「嫌いな人」として自分の世界に現れるのです。

つまり「嫌いな人＝自己分離した自分の投影」です。

自己理解には無自覚な自分に気づく必要があります。しかし、自分の内側を自分で観ることは困難です。なぜならば、自分で自覚できていない無意識下にあるものだからです。外側に現れたものを客体化して観察すると、自分を理解するための情報が得られて、深く自分を観ていくことができます。嫌いな人に遭遇すると、自分の中に明確な不快反応があり、そこに意識が向きます。そこをきっかけに自分を観ることで、無意識下にある分離した自分を発見することができるのです。

「嫌いな人」のワーク

❶ 嫌いな人はどんな人(たち)か?			
❷ その人(たち)の何をイヤだ(ダメだ)と思ったのか?			
❸ その人(たち)はどうあるべきだと思っているか?			
❹ だって○○じゃん!			
❺ その人(たち)にどんな文句がありますか?			

気づき

-
-
-
-

※ワークシートはデータをダウンロードできます。詳しくは12ページをご覧ください。

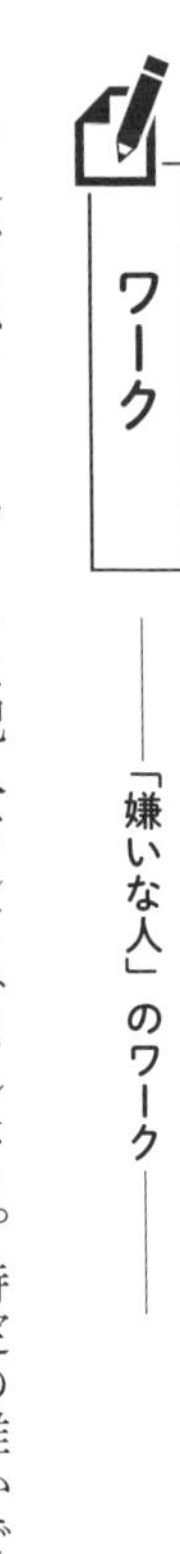

それでは、ワークシートに記入をしてみましょう。特定の誰かである必要はありません。こんな特性や特徴をもっている人（たち）に何か反応するかも、という自分の傾向を見つけてください。

「嫌いな人」を思い浮かべても何も出てこない場合は、「なんとなく苦手な人」「できたらこの人と一緒にいるのは遠慮したいなぁ」という人でも大丈夫です。

❶～❺をすべて記入してみてください。無理にすべてを埋める必要はありません。まずは、記入できるところまで自分で記入してみましょう。

どんなふうにワークをやりましたか？

ワークをやってみて気づいたことはありますか。

①嫌いな人・苦手な人はたくさんいましたか？　あまりいませんでしたか？

②それはなぜそうなっているのでしょうか？

③嫌いな人・苦手な人について、どんな信念や思い込みがありますか？　それは、どこからきているのでしょうか？

改めて気づいたことをワークシート『気づき』欄に記入してみてください。

振り返りのポイント

自分のワークの取り組み方に意識を向けてみてください。そのワークのやり方にいつもの自分の行動パターンが表れている可能性があります。

嫌いな人・苦手な人がなかなか出てこないなら、普段でも嫌いな人や苦手な人をつくらないように努力している可能性があります。

内側に「あること」に「いい・悪い」は、本当はありません。あることがただあるだけです。

でも、私たちの思考はすぐに「いい・悪い」を評価・判断をして、「あるべきではないこと」

をつくり出します。そしてその「あるべきではないこと」を〝ある〟と体験することを常に怖れています。人間は評価・判断をすることで「あるべきではないこと」をつくり出し、それが起きることを回避しようと頭で考え、行動しています。

この、自分の中に「あること」に対して、「いい・悪い」「正しい・間違っている」という二元的な評価・判断を下すことをやめていくのが**自己受容**です。

嫌悪感があるなら、それはただそのようにある。こうあるべきだと思っている、それもある。間違っていると思っている自分もいるし、正してわからせてやりたい自分もいるかもしれません。その自分を評価・判断をしなければ「〇〇だと思っている」という思考がただあなたの中にあるだけです。そう思うべきでないとどんなに抵抗しても、あるものはあるのだからそれをないことにはできません。

あることすべてを「ただある」と受け入れられた時に、はじめてこの「ある」をあるがまま観ることができるようになります。人間は「あること」を、ただ「ある」と観ることができると、それをはじめて「あるがまま」感じることができます。そこに何があるのか、なぜあるのか、そこにあることすべてを感じられるからこそ観ることができます。感じてみると、そこにある意味もわかるし、なぜあるのかもわかるし、あっても別にいいということもわかります。「自分にあることを評価・判断なくただ観ること」が大事なのです。

何もなかったことにしない、あることがただある。そこに「いい・悪い」も本当にはない、をどれだけ体現できるのかが、内的分離を統合するために必要なプロセスになります。

「いい・悪い」を超えて、あるものを観る、ということは、そこにある真実を感じ取ることです。〝ある〟世界には分離はありません。〝ない〟という世界はもともとそこに実在する〝ある〟がないとそもそも成り立たない観念です。あると感じられるとすべてがある。これが抵抗のない調和の世界です。

このワークを通して「どんなことが出てきてもいい」「何があってもいい」という自分の中にあるものに抵抗せず、ただあるがままを受けとる**自己受容**を練習してください。

あなたの「嫌いな人」はどんな人ですか

ワークシート『❶嫌いな人はどんな人（たち）か？』欄にあなたが書いたことを観てください。

内省のための問い

① 嫌いな人や苦手な人に対して「○○だから嫌いだ」といった、どんな決めつけがありますか？どんなレッテルを貼ってしまいますか？

② そのレッテルがもし自分に貼られたら、どう感じるでしょうか？

改めて気づいたことをワークシート『気づき』欄に記入してみてください。

振り返りのポイント

私たちは不快感を感じる人に対して、「○○だから嫌いだ」と、その嫌いな人に対して断定的な決めつけ（レッテル）を持ってしまいます。

人間は相手の振る舞いや言動を見て、そこから自分が反応した部分の性質を抽出し、「つまりこういう人だよね」と断定的に決めつけてしまうのです。嫌いな人とは、その人は「○○な人」という自分の勝手な決めつけがあるだけで、実際にその人がどんな人であるかとは関係がありません。自分がその人の何かの言動を目撃して、「○○な人」だと一方的な認知をしただけです。

レッテルを貼ってその人を描写することで、自分とその人から感じた不快感を切り離すことができます。思考によって描写し、客観視するのは、自分が痛みを感じないようにするための生存本能の働きです。思考が認識したものを描写して自分から分離させるのは、それを体験していると自分に何かしらの抵抗が起きる原因の痛みがあり、これまで痛みを避けて生き残ってきた自己の生存には都合が悪いからです。

嫌いな人の中に自分が認知しているものは、自分の内側にあるのに「あってはいけない」「あるべきではない」と自己分離させているものです。だから無自覚に「嫌いな人」というレッテルを貼って自分から切り離すことで、自分がその自分を切り離しているように、その人と自分を切り離そうとするのです。嫌いな人から生まれる体験は、その人が原因で起きているのではなく、自分の内側にある自己分離が投影された、自分でつくり出している現象です。

人間の生存本能は、常に自分の中にある痛みを感じることを避けようとします。あることを感じないようにするために抵抗し、それを切り離そうとして、そこから自己分離がつくられます。そのため自分で意識的に自分の痛みを見つめようとしても、なかなかできません。でも、自分が「嫌いな人」として外側に現している人が、その自己分離を教えてくれています。つまり、嫌いな人に貼っているレッテルを観ることによって、自分が自分の内側で「あってはいけない」「あるべきではない」と、本当は〝ある〟のに〝ない〟ものとして抑圧し、分離しているものが観えてくるのです。

例をみてみましょう。

例【人を評価する人が苦手】

例えば、「評価」ということに対して、もともと自分に何かしらの痛みがなければ「評価する」「評価される」という認知に、自分が不快な反応をすることはありません。そこに反応するということは、自分が無意識のうちに「評価する」と描写している〝何か〟を自分の内側で分離しています。

自分の中に人を評価している自分がいるのに、「人を評価することはよくないこと」とその自分を隠したり、人の評価などしていないフリをしているかもしれませんし、「自分が評価されることに痛みを覚えた過去の体験」から、人に対して評価することを避けているかもしれません。

自分が感じる不快な感覚は、無自覚に自分の内側で何かを分離させていることに気づくサインです。この不快感を切り離さずにあるがままを感じて観ることができると、「自己理解」の種として扱うことができます。

もし、たくさんの嫌いな人やそれにまつわるたくさんの出来事やストーリーが出てきたら、「つまりそれはどういう人？」と自分の中で分離しているものを探す問いを投げてみてください。

あなたは何を「ダメだ」と思っているのか

ワークシート『❷その人（たち）の何をイヤだ（ダメだ）と思ったのか？』欄に、あなたが書いたことを観てください。

内省のための問い

① 嫌いな人に貼ったレッテルは、実際にはその人のどんな言動からそう認知したのですか？

② 何が本当にイヤなのでしょうか？　何が受け入れられませんか？

③　そのことは、あなたが受け入れられていない自分と関係がありますか？

改めて気づいたことをワークシート『気づき』欄に記入してみてください。

振り返りのポイント

『❶嫌いな人はどんな人（たち）か？』で描写されたレッテルは、その人の何かの言動に対するあなたの認知から生み出されています。自己分離させているものが何なのかを深く観ていくために、❶で描写されたレッテルを具体化していきます。

　生存本能では、嫌いな人に投影されている自己分離している自分のその部分を見ないようにしようとする意識が働きます。なぜならそれを見ること、気づくことは自分の痛みに触れるからです。生存本能は痛みを避けるように働きます。そのため、自分が感じたくない何かがある場合、生存本能はできるだけ「あいまい」な状態にしておこうとします。あいまいにすることで、自分が分離させているものに触れないようにしながら、その分離を延命させようとします。

　ここでは、そのあいまいさをそのままにせずに具体的にしていきます。自分がその人の言動に何を見出してどう認知（解釈）し、レッテルを貼ったのか。これを観ていくことで、自分が自己分離しているものを具体化することができます。

見たものをどう認知（解釈）するのかは、人によって異なっています。認知（解釈）がつくり出される前に、具体的に何をみてそれをイヤだ、ダメだと自分が見出したのかを認識することで、自分の内側に分離させているものを具体化することができます。

「いい・悪い」の意味づけ

ワークシート『❸その人（たち）はどうあるべきだと思っているか？』欄に、自分が書いたことを観てください。

内省のための問い

①「こうあるべきだ」には、どんな「いい」「悪い」の意味づけがありますか？

② この「べき」に従って、あなた自身はどうしていますか？

改めて気づいたことをワークシート『気づき』欄に記入してみてください。

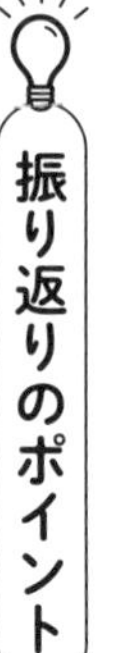

振り返りのポイント

自分で何かを「ダメ」と分離させている奥には、何かしらの無自覚な信念が自分の中にあります。その無自覚な信念に気づくために「どうあるべきだと思っているか？」を観てみます。

「◯◯であるべき」の奥には、「いい・悪い」の二元的な世界があります。「◯◯がダメ」があれば、その一方で必ず「◯◯がいい」という世界がつくり出されます。ダメだと思っているその自分の中にあることを切り離し感じないようにするために、あなたの内側に「いい・悪い」の意味づけをしている世界ができあがっています。それが「◯◯であるべき」に現れています。

あなたの中にはどんな「いい・悪い」の意味づけがありますか？

相手に対して「◯◯であるべき」と思っていることは、自分に対しても「◯◯であるべき」と課していることです。この「◯◯であるべき」は自分の行動の元となる信念になっています。ここに書かれたことを観ることで、「ダメ」だと思っている自分を、普段どうやって克服しようとしているのか、という行動パターンに気づくこともできます。

どう正当化しているか

ワークシート『❹だって○○じゃん！』欄に自分が書いたことを観てください。

①「❸のこうあるべき」をどういうべき論で正当化していますか？

② なぜ、正しさで正当化しなければならないのでしょうか？　正当化をすることで何を得られているのでしょうか？

③ この「こうあるべき」にあなた自身は従いたいと思っていますか？

改めて気づいたことをワークシート『気づき』欄に記入してみてください。

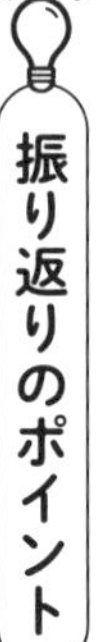

振り返りのポイント

自分の中にある「いい・悪い」の意味づけには、必ず**正当化**（正しさやべき論でいい事、正しい事と理屈づける事）が働いています。（「❸その人（たち）はどうあるべきだと思っているか？」でその正当化がすでに表れている場合もあります。そのときは❸と❹は同じような文言になります）。

「だって○○だから」は正当化をするときの言葉です。正しさを使えば、正しくないものを確実にあってはならないものとして切り離し、感じなくて済むようにすることができます。「だって○○だから」という正当化は、自分が自分の中にある「ダメな自分」の存在を決して認めないという拒絶になります。

正当化の奥には、あなたが感じたくない、自分の内側にある「ダメな自分」と、その自分があるという「痛み」があります。「❹だって○○じゃん！」に対して「○○じゃないと嫌なのは、だって何だから？」「○○じゃないと困るのは、だって何だから？」というように問いを繰り返していくと、自分が見ないようにしている「ダメな自分」や「痛み」に気づいていくことができます。

「❸その人（たち）はどうあるべきだと思っているか？」であなたが人に要求していることとは、あなたが自分に課していることで、痛みを感じないようにするためにつくり出した正当化の信念です。あなたは本当にそのあるべきに従いたいですか？　それは、痛みを避けるための正当化としてつくられたかもしれない、という観点から観てください。

どんな自己批判・自己卑下をしているか？

ワークシート『❺その人（たち）にどんな文句がありますか？』欄に、自分が書いたことを観てください。

内省のための問い

① それは、ダメな自分に対する文句かもしれません。自分を自分でどう裁き、咎めていますか？

② そうすると、どんな気持ちになりますか？

改めて気づいたことをワークシート『気づき』欄に記入してみてください。

振り返りのポイント

ワークシートの❶～❹を通して、実際には嫌いな人がそこに存在するわけではなく、それを自分の認識からつくり出したのは自分であることに気づいていると思います。

『❺その人（たち）にどんな文句がありますか？』で出てくることも、相手に言っていることではなく、自分が自分に言っていることなのだと捉えてください。つまり、自分が自分を裁いている、咎めている言葉です。自分がそんな自分はあってはならないと分離している「ダメな自分」が表出したとき、自分がその自分をどのように扱っているのかがそこに現れています。

私たちはダメな自分に気づくと、そんな自分を責めたり卑下したりして、ダメな自分に対する信念を強化します。そんな自分ではダメだと抵抗を強化して、自分に対する自己嫌悪が増し、さらに克服を強化させていきます。これは自分に対する暴力性が増している状態でもあります。そして、それが外側の他者への要求や圧力といった暴力性として現れていきます。あなたの他者に対する圧力や圧迫感は、あなたの自分自身への暴力性の現れなのです。あなたが自分自身を裁かず咎めなくなったとき、他者を裁き咎める必要もなくなります。

❺に書いた文句には、あなたがダメな自分を認識したときに、自分自身をどのように扱っているのかのヒントがあります。じっくり観てください。

【全体の振り返り】嫌いな人を切り離すことで何を避けているのか？

嫌いな人や苦手な人への反応の奥にある、自分にゆるせていない自分（「ダメな自分」）に気づいたでしょうか。

その自分に触れることを避けるために、何をしているかという行動パターンにも気づけたでしょうか。人間は自分の痛みに無自覚だと、その痛みを避けるための行動を「いいこと」や「やるべきこと」として正当化し、本当にはそれをしたいわけでもないのに、無自覚にその行動を自分に強いることになります。

このワークを通じて、自分について新しく気づいたこと、わかったことは何でしょうか。ここまでワークを振り返って気づいたことをワークシート『気づき』欄に記入してください。

【全体の振り返り】
「嫌いな人」がどう見えるか

これまでのワーク全体を振り返って、「嫌いな人」のワークのワークシートに自分が書いたことを改めて観て、感じることをワークシートの『気づき』欄に記入してください。

ワーク全体の内省ポイント

人間関係において何か不快な体験があると、普通はまわりの環境や相手のせいにしたくなります。しかし、私たちの現実は体験から自分の内側にあることがつくり出しています。「嫌いな人」「苦手な人」も同じです。その人の言動に対して「不快だ」と私が認識したのはその人のせいではありません。自分の内側に分離しているものがあり、それがその人に投影されたということでしかありません。嫌いだ、ダメだと外側で分離衝動が起きているとき、それはすべて自分が内側で分離しているものを現していることになり、そこに何があるのかを理解することが**自己理解**となります。

この理解がないまま相手に関わろうとすると、相手を是正しようとするか、相手と距離をとる（分離する）しかなくなります。そして、普通はその行動の流れは自動的な反応になっていることがほとんどです。しかし、「嫌いな人」を「自分の中に何があるから、この体験があるのか」と知的に理解することができると、他者に自動的に反応することがなくなるばかりでなく、自分自身の理解を深めることができます。

自分に何があるから「嫌いな人」として現れたのかという自己理解から行動を起こすのと、その理解なくその人を責めたり、切り離そうとする反応から行動を起こすのとでは、生み出される現実はまったく違ったものになります。

日々の生活の中での「嫌いな人」の出現は自己理解の機会です。自分が無自覚であった自分を理解していくと「嫌いな人」はいなくなります。それは無自覚な自己分離がつくり出していただけだからです。この「嫌いな人ワーク」のテクノロジーを日常で実践することで、人を変えようとして分離に終わる関係性を、自分を理解することでつながりの関係性へと変容させることができます。

自分の外側で起こる不本意な現実や事象は、常に自分の中にある無自覚な「あること」を気づかせてくれます。外界で起きたことから、内側で分離させているエネルギーに気づき、それに触れるために、その不本意な体験が起きています。**自己統合**とは、外側で何かをすることではなく、外側で起こる事象による体験から、自分の中に無自覚だった「あること」に気づき、それを感じて理解していくプロセスです。その「あること」に気づくためには「あること」を「あるがまま」に抵抗なく扱う内省力が欠かせません。

4章のまとめ

- どんなことでも「あるがまま」に自分の中にあることを観る。そこにあることに抵抗せず、感じられたときに、自分を深いところから理解できる。
- 「嫌いな人」は、自己分離の外界への投影。「嫌いな人」をていねいに観ていくことで、自分の内側にある無自覚な分離に気づくことができる。
- 自己分離に気づいてそれを統合していくことで、「嫌いな人」は現実からいなくなっていく。

ワーク
第1部

5章

反応の構造

このワークの意図

- 日々、私たちは無自覚に「反応」しています。反応プロセスの構造を知ることで、自分の反応を扱えるようになります。
- 反応が起きると私たちは外側で起きている事象をありのまま認知することができません。「事実」と「解釈」の区別が必要です。
- 反応から行動すると結果として起こる現実は、必ず分離に終わることを理解します。
- 自分が何に反応するのか、自分にどんな反応のパターンがあるのかを探求します。

無自覚な反応

私たちは、日々の生活の中で、イラッとしたり、ムカッとしたり、外側に起きている事象に対してしてしょっちゅう〝反応〟しています。

反応とは、不快感とともに瞬間的に起こる、自分で制御できない分離の衝動です。自動的に起きているので、私たちは、自分たちがなぜ「反応」しているかに普通は無自覚です。

じつは、この「反応」が、自分と他者との関係性の間に「分離」をつくり出し続ける元になっています。

このワークでは、この「反応」の構造をじっくりと観ていきます。

「反応」のワーク

最近反応した体験を思い出してください。

❶ 何が起きましたか?

↓

❷ その起きたことに対して、つまり何が起きた、という描写をしていますか?

↓

❸ ❶❷からどんな感情が湧きますか?

↓

❹ ❸の感情を感じるとどんな思考が出てきますか?

↓

❺ ❸❹を経てどんな行動をとりましたか?

↓

❻ ❺の行動の結果、何が起こりましたか? そこにどんな体験がありますか?

気づき

-
-
-
-

※ワークシートはデータをダウンロードできます。詳しくは12ページをご覧ください。

ワーク

――「反応」のワーク――


ワークシートに記入をしてみましょう。

まずは、最近あなたが反応した体験を思い出してください。イラッ、ムカッ、モヤッ、ザワッ、とする感覚になった瞬間やシーンを思い浮かべます。

ワークシートの『❶何が起きましたか？』欄を記入してください。

本当に何が起きていたか

ワークシート『❶何が起きましたか？』欄にあなたが書いたことを観てください。

内省のための問い

① 外側で起きたこと、つまり事実（自分に見えたこと、聞こえたこと）は何ですか？

② 自分でこれが「起きたことだ」と思っていることには、思考や感情が入り込んでいます。その結果、起きたことはどんな解釈になっていますか？

改めて気づいたことをワークシート『気づき』欄に記入してみてください。

振り返りのポイント

私たちは、自分に起きていることについて、起きている現象としてありのまま認知できません。

私たちの内側には何かしらのフィルター(思い込みや信念）があり、外側で起きていることを目にした、耳にした瞬間に、そのフィルターを通して外側に起きた出来事を認識しています。そのため私たちが「起きたこと」と認知していることには、五感で感じ取れる起きたこと以外に、内側にある価値観や思考、感情などが入り混じり、脚色された解釈となって、それが起きている現実になっています。

実際に起きたこと（五感で感じとった出来事）は大抵、

見えている何かがある
聞こえている音がある

のどちらかです。私たちは、内側にあるフィルターを通して起きていることを認識し、そこから生み出された自分の**解釈**「つまりこういうことが起きている」を「起きていること」として認識しているのです。

私たちには出来事として起きた「事実」と「解釈」の区別をする習慣がありません。

例えば、

「あいさつしたのに無視された」
「上司はいつも私のことを否定する」

というような「考え(解釈)」を、起きている現実だと思っています。

私たちが「起きたこと」と認知していることには通常、「こうあるべき」という「信念」や「感情」が影響しています。実際の現象（事実）に自分の内側にある思考や感情が入り込み、そこから「つまりこういうことが起きている」、という解釈がつくられて、私たちはそれが起きている現実だと捉えています。

あなたが「起きたこと、起きていること」と認識している現実で、本当にはそこに何が起きていたのでしょうか。

まずは、外側で起きている事実と、内側で思考した解釈を区別することからはじめます。音が聞こえた、目に見えた、といった五感で捉えた事実のみを認知すること。これが起きていることをありのまま受け入れるということです。

解釈を通じて起きていることを現実として捉えると、そこに「本当は事実として〝ない〟のに〝ある〟ことになってしまうこと」「本当は事実として〝ある〟のに〝ない〟ことにされしまうこと」が生じ、起きていることをありのままで受け入れることができません。

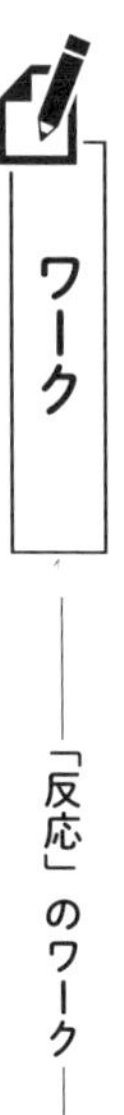

ワーク ——「反応」のワーク——

ワークシートの『❶何が起きましたか？』欄の振り返りをもとに、ワークシートの『❷その起きたことに対して、つまり何が起きた、という描写をしていますか？』欄を記入します。

その出来事が外側で起きたとき、あなたの内側では何が起きていると思考していますか。

起きたことを自分から切り離す描写

ワークシート『❷その起きたことに対して、つまり何が起きた、という描写をしていますか？』欄にあなたが書いたことを観てください。

① 起きたことを「つまりそれはこういうことだよね」と自分の思考で描写した「こういうこと」は何ですか？

② 起きたことを頭であれこれ描写すると、どんな感覚になりますか？

③ 描写した「こういうことが起きている」、は本当でしょうか？

改めて気づいたことをワークシート『気づき』欄に記入してみてください。

振り返りのポイント

私たちが反応したとき、つまり自分の思い込みや信念、不快な感情から起きていることを認知している状態になると、それはつまりこういうことだ、という何かしらの描写が自分の内側で思考として湧き起こります。

私たちの思考は、不快な感情を伴う出来事が起きると、「それはつまり◯◯ということだ」と、言葉でそれを描写し自分と切り離すことで客観的になり、不快な感情を感じないように駆動します。不快な事象に対しては、解釈だけで終わらず思考でそこからさらに描写をふくらませていきます。

この起きたことの解釈から生まれる描写は、過去にこういうことがあったからきっとこうだろう、こういうことに違いない、といったような一方的な決めつけになっていることが多くあります。

【例】

僕が「無視された」（＝解釈）ということは、つまり僕は「嫌われている」んだ（理由付け・

原因の決めつけ）

不快な体験が起こる理由・原因を、〝〇〇だから〟こういうことが起きるんだ、と因果関係を作って理性的に処理しようとすることで、不快感のある感情から意識を逸らします。

しかし、この「描写」自体、本当は信憑性すら疑わしい勝手な決めつけであり、自分の内側にある体験から起きた不快感から自分を切り離すためのストーリーです。思考は感覚的な不快感を切り離すために、このような言語による描写や決めつけによって、妄想のようなストーリーをあたかもそれが現実かのようにつくり出します。

ワーク

――「反応」のワーク――

ワークシートの『❶何が起きましたか？』『❷その起きたことに対して、つまり何が起きた、という描写をしていますか？』の振り返りを受けて、ワークシートの『❸❶❷からどんな感情が湧きますか？』欄を記入します。

その出来事を描写したあと、どんな感情が湧き上がってきましたか。

描写が生み出すエセ感情

ワークシート『❸❶❷からどんな感情が湧きますか？』欄にあなたが書いたことを観てください。

内省のための問い

① 自分の思考が生み出した描写からどんな感情が湧いてきましたか？

② その感情を感じていると、どんな感じがしてきますか？

改めて気づいたことをワークシート『気づき』欄に記入してみてください。

振り返りのポイント

私たちは、その体験から生じた自分の不快感から自分を切り離すために、思考を使った描写によって出来事を客観視し、頭の中でバーチャルなドラマをつくり出します。それが事実なのかを問われると信憑性は極めて疑わしいものですが、それが起きていることだ、と決めつけた思考がつくり出すそのストーリーからさらなる感情が触発されます。

この起きたことを思考で描写したストーリーによって触発された感情を、ここでは**エセ感情**と呼ぶことにします（実際に起きている出来事から直接的に生まれた感情ではないので「エセ」と呼びます）。

エセ感情も描写と同じで、自分の思考から内側でつくり出されたバーチャルなものです。反応しているとき、私たちはこのバーチャルな感情に囚われて行動しています。

ワーク

――「反応」のワーク――

ワークシートの『❸❶❷からどんな感情が湧きますか？』の振り返りを受けて、ワークシートの『❹❸の感情を感じるとどんな思考が出てきますか？』欄を記入します。

湧き上がってきた感情から、さらにどんな思考が出てきましたか。

エセ感情が肥大化させるドラマ

ワークシート『❹❸の感情を感じるとどんな思考が出てきますか？』欄に、あなたが書いたことを観てください。

① 自分の思考から湧き出した感情に、あなたはどんな影響を受けていますか？

② 思考が生み出したストーリーを、あなたは現実として捉えてはいませんでしたか？それを真に受けると、さらにどんな思考や感情が湧き出てきますか？

改めて気づいたことをワークシート『気づき』欄に記入してみてください。

振り返りのポイント

思考の描写から触発されたエセ感情が湧き上がると、感情のエネルギーによって解釈はさらに増幅していき、描写が肥大化したストーリーが自動的につくり上げられていきます。描写から不快な感情が湧くと、思考は不快をなんとかしようと働くため、そのままその不快感を放っておけません。この不快をなんとかするために、思考は起きたことに対するなんらかの理由・原因を「きっと○○だからだ」と勝手に特定します。こうして、自分の内側で事実とは整合性のない決めつけられたストーリーがつくり上げられていきます。

そして、このストーリーはさらにエセ感情を触発し、その不快感に反応してさらに思考が肥大化するといったように、このワークの❷❸❹がぐるぐる回り、頭の中でどんどんドラマのように脚色されていくのです。

あなたが無自覚に反応しているときは、このドラマがあなたにとっての現実になります。実際に起きていることとは無関係に、あなたの中で無自覚な反応によってつくり上げられたこのバーチャルなドラマがあなたにとっての現実として認識されてしまうのです。

このドラマを現実として起きていることだと真に受けて、あなたが行動を起こしたとしたら、そこから何が起こるでしょうか。

――「反応」のワーク――

ワークシートの『❸❶❷からどんな感情が湧きますか？』『❹❸の感情を感じるとどんな思考が出てきますか？』の振り返りを受けて、ワークシートの『❺❸❹を経てどんな行動をとりましたか？』欄を記入します。

それが自分の現実だと認識している❸❹を起点にどんな行動をとったでしょうか。

「攻撃」と「逃避」しかできない反応行動

ワークシート『❺❸❹を経てどんな行動をとりましたか？』欄に、あなたが書いたことを観てください。

内省のための問い

①あなたの行動は、よくみてみると、「攻撃（相手を責める、もしくは自分を責める）」「防御・逃避（関わらない、距離をとるなど分離する）」のどちらかではありませんか？

②あなたにはどんな理由があって、その行動をとったのでしょうか？

改めて気づいたことをワークシート『気づき』欄に記入してみてください。

振り返りのポイント

反応しているとき、自分の思考でつくり出したストーリーは自分の中では現実化しています。つまり、そのストーリーが実際に起きていることだと思い込み、そこから私たちは行動を起こします。

この本当には事実としては信憑性の疑わしい思考が展開した現実から起こす行動は、起きたことに対する解釈の時にあった不快な感情に対処するための行動になります。この不

■ 生存本能が脅かされたときの反応行動の4パターン

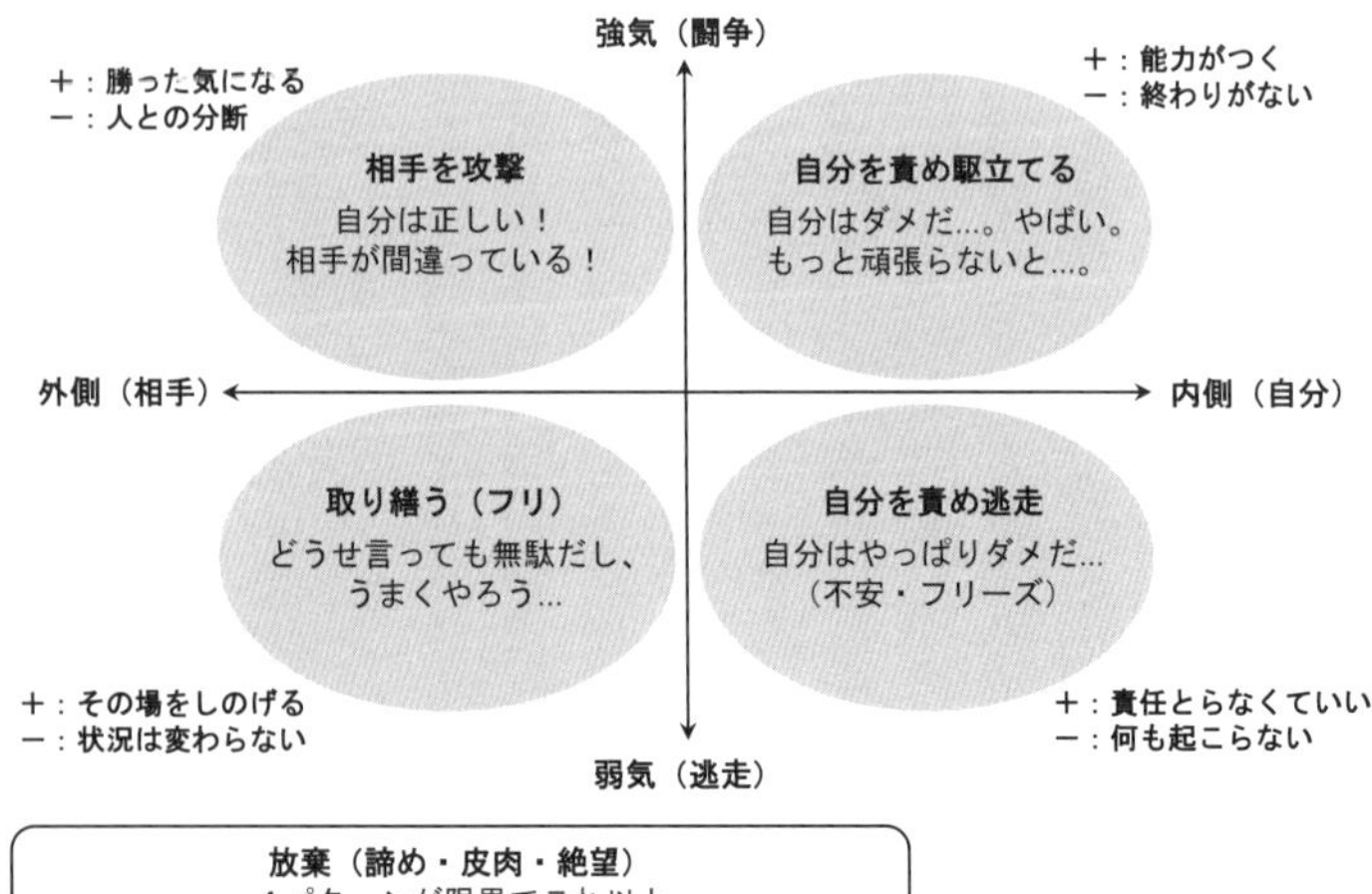
強気（闘争）
＋：勝った気になる
－：人との分断
相手を攻撃
自分は正しい！
相手が間違っている！
＋：能力がつく
－：終わりがない
自分を責め駆立てる
自分はダメだ…。やばい。
もっと頑張らないと…。
外側（相手）
内側（自分）
取り繕う（フリ）
どうせ言っても無駄だし、
うまくやろう…
自分を責め逃走
自分はやっぱりダメだ…
（不安・フリーズ）
＋：その場をしのげる
－：状況は変わらない
＋：責任とらなくていい
－：何も起こらない
弱気（逃走）
放棄（諦め・皮肉・絶望）
4パターンが限界でこれ以上
悲しんだり痛んだりしたくないとき、このモードに入る

快な感情の奥には「痛み」があります。つまり、反応は〝無自覚〟な痛みがあるときに起こります。

反応は、無自覚な状態で自分の奥に存在している痛みに触れまいとする衝動として起きています。そのときに起こる行動は、自動的に痛みをなんとかするための〝攻撃〟か〝防御〟の必ずどちらかになっています。自分がその痛みを無自覚に感じないまま切り離しているため、行動も〝攻撃する〟か〝防御する〟というパターン行動しかとれません。そして、結果的に痛みの原因として認識している外側にいる相手と、必ず分離することになるのです。

あなたが実際にとった行動を観てみてください。

ワーク

――「反応」のワーク――

ワークシートの『❺❸❹を経てどんな行動をとりましたか？』の振り返りを受けて、ワークシートの『❻❺の行動の結果、何が起こりましたか？　そこにどんな体験がありますか？』欄を記入します。

❺の行動をとった結果として、あなたにはどんな体験があるでしょうか。

反応は分離が分離を生む

ワークシート『❻❺の行動の結果、何が起こりましたか？　そこにどんな体験がありますか？』欄に、あなたが書いたことを観てください。

内省のための問い

① 反応からとった行動の結果、相手との関係性はどうなりましたか？

② それを感じてみると、どんな感覚がありますか？　どんな気持ちになりますか？

改めて気づいたことをワークシート『気づき』欄に記入してみてください。

反応行動「攻撃」や「防御」の結果は、「つながりが感じられない」「疎遠になる」といったような何かしらの分離の感覚をもたらす体験にしかなりません。

自分の内側にあるものと分離したところから行動すると、必ず外側の世界においても同じように分離の体験が起こります。結果、望むような現実は決して起こらず、無力感や絶望、あきらめや皮肉といった、さらに内的に分離した状態になります。思考がつくり出した仮想現実から起こす反応行動によって、私たちが満たされることはありません。その結果は、私たちが求めているつながりではなく、分離の体験になるからです。

ここで生まれる体験は「やっぱり◯◯だ」という感覚のものです。「やっぱり…」ということは、事前にある程度そうなることを想定していたということです。それは外側の出来事に対する認知をつくり出している、もともと自分の中にある「フィルター」につながっています。

人には、起きた事象に対して、内側にあるその人固有のフィルターを通して認知しています。そのフィルターには「世界は◯◯だ」「自分は◯◯だ」という固定された信念があります。その信念から私たちは世界を認識し、そこから生まれた「やっぱり◯◯だ」という体験を、その信念の確証として、もともとフィルターとしているその信念をより強固なものとしているのです。あなたの内側にあるフィルター(信念)はこうして強化され、そこからつくり出されている認知と行動が、あなたの外側における体験をつくっているのです。

反応の世界は、起きた事象を言語で描写し客体化することで成立しています。その反応から生まれる行動は、分離の体験・現実をつくり出し、決して望む現実をもたらすことはありません。

自分の望む現実をつくり出すために、まずは自分が反応していることを理解し、その構造に自動的にはまることから自由になりましょう。

全体の振り返り

このワークを通じて、あなたの「反応」を見つめてきました。

反応から私たちが行動すると、結末として分離の体験しか生みません。反応行動は痛みや不快感を遠ざけられたとしても、必ず分離感を伴う現実に終わります。

反応が私たちの関係性におけるあらゆる問題の根っこにあるといっても過言ではありません。

●どんなことに反応しやすいか？

●どんな反応のパターンがあるのか？

ここまでのワーク全体を振り返って、自分の反応のパターンについて、気づいたことをワークシート『気づき』欄に記入してください。

ワーク全体の内省ポイント

■「分離」に終わる「反応」のプロセス

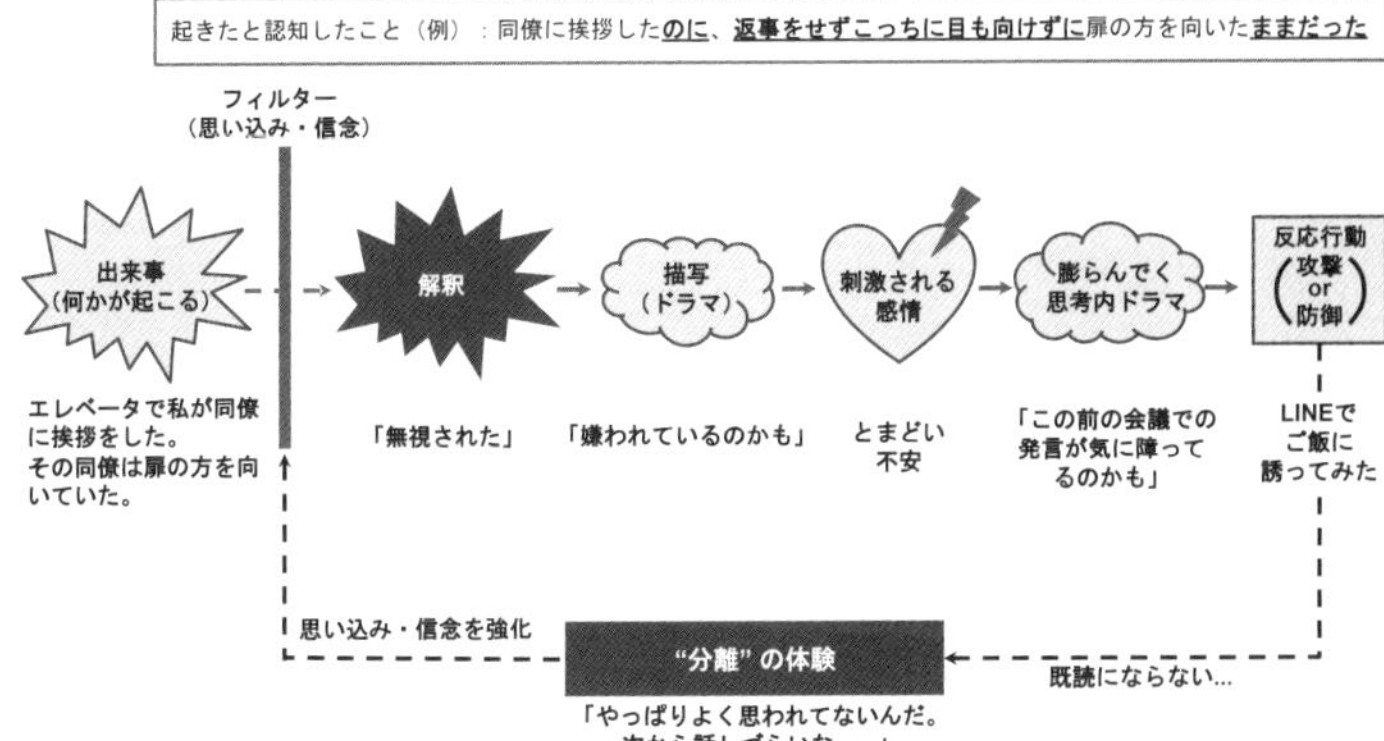

起きたと認知したこと（例）：同僚に挨拶したのに、返事をせずこっちに目も向けずに扉の方を向いたままだった
フィルター（思い込み・信念）
出来事（何かが起こる）
エレベータで私が同僚に挨拶をした。その同僚は扉の方を向いていた。
解釈
「無視された」
描写（ドラマ）
「嫌われているのかも」
刺激される感情
とまどい 不安
膨らんでく思考内ドラマ
「この前の会議での発言が気に障ってるのかも」
反応行動（攻撃 or 防御）
LINEでご飯に誘ってみた
既読にならない…
“分離”の体験
「やっぱりよく思われてないんだ。次から話しづらいな…。」
思い込み・信念を強化

反応が、人間関係の分離を現実につくり出し続けるエンジンです。

人間は無自覚に反応しています。反応に入ると、自分の思い込みをもとに思考からつくり出されたストーリーを現実と思い込んでしまいます。この自分の思い込みがつくり出した現実を真に受け、そこから行動し、結果として反応した相手と分離し、もともと持っている自分のフィルター（思い込み・信念）を強化します。さらにそのフィルターをもとに自分を正当化したり、人を見下したりするようになり、さらにそのフィルターは強化され、結果ますます人と分離していきます。これが、反応の世界で起きていることなのです。

自分の外側で起こる不本意な現実・事象は、常に自分の中にある無自覚に「ある」ことを気づかせてくれます。私たちが外界で起きたことからそれに気づき、分離させている内側にあることに触れるために、その不本意な体験が起きています。**自己統合**とは、外側で何かをすることではなく、外側で起こる事象の体験から自分の中に無自覚だった「あること」に気づき、自分を理解していくプロセスです。そのあることに気づくためには「あること」を「あるがまま」に観て感じる内省力が欠かせません。

反応のプロセスに無自覚だと、人間は自動的にこの反応のベルトコンベアーにあっという間に運ばれることしかできません。自動化されてしまうのは、無自覚な痛みを分離するために内在化している「フィルター（思い込み・信念）」を観ることができないからです。出来事が起きたときに、自分の信念がその解釈をつくり出している、という自覚がなく、それを理解することがないので、この自動的に〝起きてしまう〟反応を体験し続けるしかないのです。

もし、反応が起きる度にその奥にどんな信念があるかを観ることができて、それに気づけたら、思考が反応から生み出すその解釈を真に受けず保留する、反応から行動せずに踏みとどまることができるようになっていきます。

反応が起きたときに、その瞬間気づくことができたら、思考の解釈に乗っ取られる前に、自分が「どこから見て、聞いたのか」ということを止まって観てみる間がとれるようになってきます。

何か反応が起きた時に、自分がそれをどこから見て、どこから聞いているのかを観るために、「この解釈が生まれるには、その奥にどういう信念があるのだろうか？」を探求します。どんな信念がその解釈をつくり出しているのか、を自分に問うのです。その信念に都度気づけたら、その解釈を真に受けずに保留することで、現実として分離の体験につながる自動ベルトコンベアーに乗らなくてすみます。

外側に何かが起きて反応した時に、自分がそれをどこから見て、どこから聞いたのか、を内省すること、つまり、解釈が生まれたときに、どんな信念がそれを生み出したのかを自分で探求する内省の習慣を日常に取り入れること。

これが自分の内側にある無自覚な自分に気づく鍵となるテクノロジーのひとつです。

次のワークでは、この自己統合のテクノロジーをさらに深めていきます。

5章のまとめ

●反応プロセスの構造を知ることで、無自覚な自動反応に自覚的になれる。

●実際に起きたこと（事実）と解釈（認知）を区別し、出来事をありのまま認知する。

●反応から行動と、結果として起きることは分離に終わる。外側で起きていることを認知するときに、その源にある内側のフィルター（信念）が、あなたの現実とそれに伴う体験をつくっている。

●自分が反応から行動するパターンが、自分の信念を強化し続けている。

6章

内省と自己探求

このワークの意図

- 起きている事象（事実）と解釈の区別を学びます。
- 自分にあることを観る、とは何かを体験します。
- 内側にあることを観察することから、自分が持っている無自覚なフィルターに気づきます。
- 自分の中にあるフィルターに自覚的になると、それ以外の選択ができることを理解します。

自己探求：観察→理解→統合

私たちは外側の世界に起きる体験の中で、無自覚に自分の内側にあるフィルター（思い込み・信念）を通して物事を認知しています。そして、そのフィルターを通して認知したことを現実として疑いません。そしてそこから行動を起こしています。

外側の世界に適合して生きている私たちの内側にある信念には「◯◯が〝ない〟」というものがあります。

私たちは生まれて成長する過程で、外側の世界で「この世界にあるはずだと信じていたものが〝ない〟」という体験をします。「ありのままで愛されるはずなのに、言われたことをちゃんとやらないと愛されない」「つながりがあるはずなのに、仲間はずれにされる」などという体験です。この「あるはず」という願いがこの世界で裏切られ、現実にはそんなものは〝ない〟という判決を下す体験で、そのときに人は様々な感情が混じった強い痛みを感じます。この無力感や絶望感ともいえる痛みを感じ続けてこの世界を生きていくことはできません。

したがって、私たちはそれを感じ続けなくてもいいように、「この世界にはもともと◯

◯はない、そういうものなのだ」という描写をして思考で割り切ることでその痛みの感覚を切り離し、それ以降、「◯◯は〝ない〟」を前提としてこの世界に適合しようと生きています。この世界に対する描写が、そもそも自分が生きている世界とはこういうものだ、という私たち一人ひとりが内側に持っている固有の信念です。

　私たちの中に一旦この信念ができると、これがフィルターとなって世界を認知するようになります。そして、この「◯◯が〝ない〟」という欠損の信念から行動していると、「やっぱり◯◯が〝ない〟」という「〝ない〟世界」、すなわちその信念の通りの欠損の世界しか体験することができません。私たちの現実は、私たちの採用している信念がつくり出しているからです。

「◯◯が〝ない〟」という信念が何かしらの痛みの体験からつくられたのは、本当は自分の内側では「◯◯が〝ある〟はず」という前提がその体験のときにあったからです。でも、あるはずだったものはこの世界には〝ない〟という信念ができた瞬間から、「◯◯が〝ある〟」という自分の内側にある本当の願いを真に受けてしまったら「〝やっぱりない〟」という痛みを再度味わうことになる、という無自覚に働く怖れによって、私たちはこの世界には本当は「◯◯が〝あるはずだ〟」という自分の内側にある願いを真に受けることを無自覚に避けています。

　私たちの中にある「◯◯が〝ある〟」はずという感覚は、自分の内側になぜあるのかという論理的に説明できる理由もなく確かにある真実です。真実とは「あること」です。「ある」と感じることは絶対的にそこにあるのだから、どんなに頭でそれを否定したりなくそうとしても抗いようがありません。自分の中にあることがただある。それを感じとれるからそれはある。ないことにはできない。これが真理です。

一方で、「○○が〝ない〟」は痛みの体験から思考がつくり出した概念です。人間はあると感じることとしか実在的に扱えません。「ある」が前提にないと、それが「ない」という状態にはなりようがないのです。本当になかったら言語すら存在しないはずなので、本当は扱いようがありません。だから、「ない」はその奥に「ある」という真実を示しています。

どんなにないことにしようとしても、〝あると感じていること〟には抗いようがありません。何かがないというとき、その奥に〝本当はあること〟に気づくことで認知が変わります。自分がどの世界に立つのかは、〝あること〟に気づくことで選択できるのです。

普通、私たちは外側で不快な出来事が起きると、その不快感に抵抗して「反応」し、そこから行動を起こします。その不快感の奥には必ず何かしらの痛みと信念があります。そしてその反応行動は、実際に内側と外側に起きていること、つまり〝あること〟ではなく、私たちが自分の内側の思考でつくり出した〝何かがない〟という概念に基づくストーリーやエセ感情からつくり出されます。

反応していると、私たちは外側にあることをあるがまま認識できなくなり、さらにその中で本当に自分の内側に〝あること〟に気づけません。〝あること〟を感じて生きるためには、

■「反応」と「自己探求」の対比

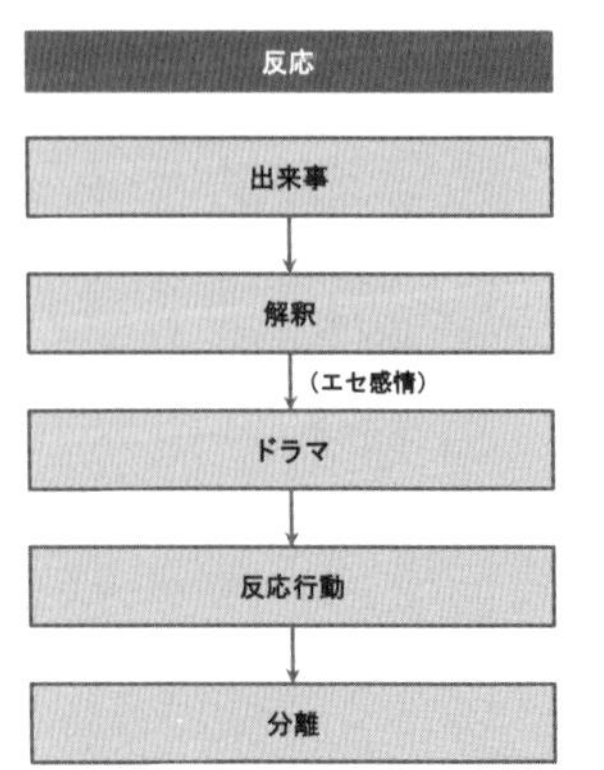

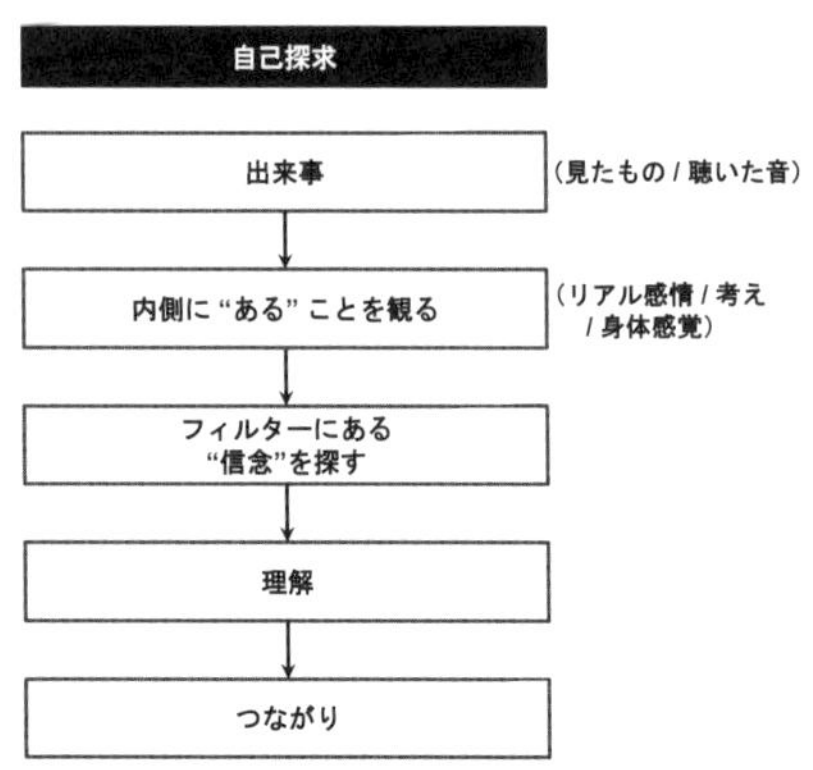

自分に〝あること〟に意識を向けて感じようとする（観察）、そして反応の奥に何が〝ある〟のか、を好奇心とともに探求すること（自己探求）が必要です。

自己探求をするためには、外側で何か反応を伴う出来事が起きたとき、思考でつくり出したバーチャルなものではなく、まず実際に起きた出来事（五感で捉えた事実）を明確にし、その上で自分の中で動いたエネルギーを捉えるようにします。リアルに感じ取れる実在しているエネルギーだけを捉えるようにするのです。

フィルターのかかった思考の解釈が触発した感情（エセ感情）ではなく、リアルな体験から内側で生まれたエネルギー（感情・考え・身体感覚など）に意識を向けます。

この〝あること〟を観る（観察する＝意識

■ 自分につながる「自己探求」のプロセス

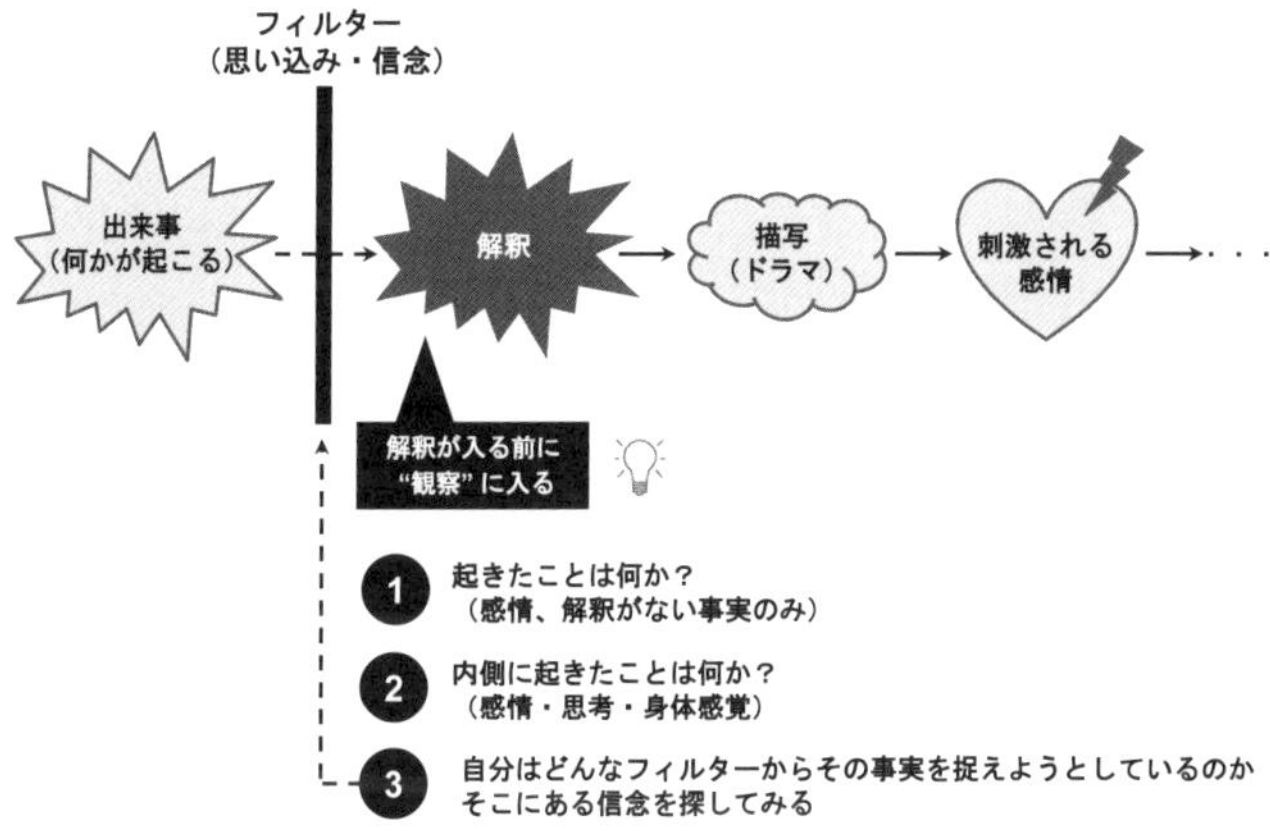
フィルター
（思い込み・信念）
出来事
（何かが起こる）
解釈
描写
（ドラマ）
刺激される
感情
解釈が入る前に
"観察"に入る
1 起きたことは何か？
（感情、解釈がない事実のみ）
2 内側に起きたことは何か？
（感情・思考・身体感覚）
3 自分はどんなフィルターからその事実を捉えようとしているのか
そこにある信念を探してみる

を向けて感じとる）ことで、自分に無自覚なフィルター（信念）に気づき、そこに〝あるはず〟だった願いに気づき（理解）、それに自覚的になる（無意識にあったものに光を当てて顕在意識におく＝統合する）ことができます。そして、自分の本当の望みを理解し、そこから行動してつくり出したい世界を自覚的に選択することができるようになるのです。

この「反応」と「自己探求」の内省のテクノロジーを体得できると、思考やエセ感情が生んだストーリーという偽りの現実にすり替えるプロセスが自分の内側に走っているときに、その途中で気づけるようになっていきます。それによって思考が生み出す概念に巻き込まれるのではなく、本当に自分の中に〝あること〟だけを扱うことに意識的に留まることができるのです。自分に〝あること〟に気づいていく自己統合に、このテクノロジーは欠かせません。

無自覚な信念の中には必ず〝ない〟という概念的に作り出された欠損の信念があります。〝○○がない〟という信念は、痛みに伴う不快な感覚を切り離すための生存本能の防衛的な機能によってつくり出されたものです。その信念が痛みと切り離そうとする抵抗である「反応」を生み出しています。この不快を感じることから遮断するための信念が、自分の中に〝あること〟からの分離を生み出し、感じられなくなることで私たちは自分の内側にあるものとつながれなくなります。

さらに外側における反応行動によって、自分だけでなく人との間にも分離がつくり出されます。分離を生み出す「反応」を走らせずに、自分に何が〝ある〟のかを観るテクノロジーによって、分離の世界から出ることができるのです。

「事実と解釈を切り分けてフィルターを探究する」ワーク

まず、反応した体験を思い出してください。

❶ 起きた出来事は何ですか?(感情や解釈を入れずに事実だけ抽出する)

❷ 内側に起きたことは何ですか?

感情

身体感覚

思考

❸ あなたはどんなフィルターから現実を捉えていますか?

気づき

•

•

•

•

※ワークシートはデータをダウンロードできます。詳しくは12ページをご覧ください。

ワーク

――「事実と解釈を切り分けてフィルターを探究する」ワーク――


ワークシートに記入をしてみましょう。

まず、5章のワーク『❶何が起きましたか？』欄に記入したことを観てください。

そして、この6章のワークシートの『❶起きた出来事は何ですか？』欄に、5章のワーク『❶何が起きましたか？』欄に記入した内容から、感情や解釈を除いた事実だけを抽出して記入してください。

観察とは〝あるもの〟だけを見ること

ワークシート『❶起きた出来事は何ですか？』欄に、あなたが書いたことを観てください。

内省のための問い

① これが起きたことだと認知したことから、あなたの評価・判断や感情を取り除き、目にした、耳にした「事実」だけを起きたこととして捉えることができますか？

② 改めてその事実だけを見ると、どう感じますか？

改めて気づいたことをワークシート『気づき』欄に記入してみてください。

振り返りのポイント

私たちの内側には何かしらのフィルター（思い込みや信念）があり、外側で起きていることを目にした、耳にした瞬間に、そのフィルター越しに起きたことに対して、何かしらの解釈をしています。

通常は、私たちは「事実」と「解釈」の区別がついていません。

実際に起きたことは、

見えている何かがある
聞こえている音がある

といった五感で感じとったこと、これが事実です。

しかし、起きたことの認知には、「こうあるべきという信念」「感情」などが紛れ込みます。実際の現象（事実）に自分の思考や感情がいろいろ入り込み、解釈が生み出されているのです。

観察するとは、事実と解釈を区別し、事実、つまり〝あること〟だけを観ることです。起きた外側の出来事（抗いようのない事実）に対して、内側で動いたエネルギーだけを捉えるためには、まずは事実を解釈と区別して観察する必要があります。

事実は、たいていの場合は「目に見えている」「音がしている」（五感で感じとったもの）のどちらかです。事実は、それを書き出して読んだ時に、感情が起きない中庸なものです。その中庸さで起きたことを捉えられるようになると、思考による自作自演のドラマから解放されます。

「起きたことを中庸に捉える」とは、次のような解釈を見つけ出し、それを「目に入った」「音が耳に入った」と感情なくニュートラルに捉えられる事実に戻していくことです。

●解釈の例①：「言われた」「させられた」などの「〇〇された」という被害者的な表現

Aさんに〇〇と言われた　↓　Aさんが〇〇と言った

Bさんに〇〇させられた　↓　Bさんが「〇〇をしてくれ」と言った。私がそれをした

●解釈の例②：「○○しなかった」という〝ない〟という表現
僕にあいさつしなかった　↓　パソコンに向かっていた
（〝ない〟ではなく、そのかわりに何をしていたのかという〝ある〟表現へ）

●解釈の例③：「○○することができなかった」という偽りの表現
（偽り＝能力的にできないわけではない）
会議のせいで昼食を食べられなかった　↓　会議に参加した。昼食をとらなかった。

●解釈の例④：妄想
Cさんに傷つけられた　↓　Cさんが私に○○と言った。私はそれを聞いて悲しかった。
Dさんが無視した　↓　Dさんに話しかけた。Dさんは黙っていた。

事実は、中庸なものです。あなたの書いた「起きた出来事」を読んだ時に、何か感情が立ち上がるようだとしたら、そこにあなたの思考や感情といったものが紛れ込んでいる解釈になっているかもしれません。

外側に起きたことも内側に起きたことも、中庸に捉えることが〝あること〟を〝あるがまま〟に観るということです。

ワーク

―― 「事実と解釈を切り分けてフィルターを探究する」ワーク ――

ワークシートの『❶起きた出来事は何ですか?』の振り返りを受けて、ワークシートの『❷内側に起きたことは何ですか?』欄を記入します。

解釈が入っていない❶の欄の事実を観たとき、自分の内側にどんな感情や身体感覚がありますか? どんな思考がありますか?

じっくりと時間をとって自分の内側にスペースをつくり、あなたの内側に〝あること〟をすべて書き出してください。

内側に〝あること〟を観る【観察】

ワークシート『❷内側に起きたことは何ですか?』欄にあなたが書いたことを観てください。

内省のための問い

① 外側で起きていることを解釈フリーな事実としてありのまま捉えた時に、あなたの内側に起きたことは何ですか？

② あるがままに観ると、本当には何があったことに気づきますか？

改めて気づいたことをワークシート『気づき』欄に記入してみてください。

振り返りのポイント

ここでは、外側で起きていることを解釈フリー（＝まったく解釈を入れない状態）な事実として捉えた上で、事実から自分の内側にあった〝あること〟を〝あるがまま〟に観てみます。

解釈という思考から生み出されたバーチャルなものではなく、事実から自分の内側に起きるリアルに動いたエネルギー、実際に動いたことを観て、感じてください。

普段の私たちは起きた出来事に対して、無自覚に即座に自分の解釈を入れてしまいます。ここではその解釈に行く前に、純粋に起きた出来事・事実の認知に留まり、自分が本当には何を感じているのかを観ていきます。

自分の内側にどんな感情が湧き上がるのか、

どんな身体感覚があるのか、

どんな思いや考えがあるのか、

自分の内側にどんな感情や考えがあったとしても、いい・悪いという判断・思考をせずに、〝あること〟を〝あるがまま〟に、ただ〝ある〟ものとして感じて観てください。

ワーク

―「事実と解釈を切り分けてフィルターを探究する」ワーク―

ワークシートの『❶起きた出来事は何ですか?』の事実と『❷内側に起きたことは何ですか?』のあなたに〝あること〟(感情・考え・身体感覚)の振り返りを受けて、ワークシートの『❸あなたはどんなフィルターから現実を捉えていますか?』欄を記入します。

5章のワーク『❶何が起きましたか?』欄に記入されている内容、および『❷その起きたことに対して、つまり何が起きたという描写をしていますか?』欄に記入した内容が、起きている事実からつくり出されるのは、どんな信念があるからですか。

外側の事実そして、それを受けてあなたの内側に〝あること〟すべてを観て、そこから思考による解釈・描写をつくり出した、その奥にある「信念」を探してみましょう。見つかったらそれを記入してください。

あなたはどんなフィルターから現実を捉えていますか？

ワークシート『❸あなたはどんなフィルターから現実を捉えていますか？』欄にあなたが書いたことを観てください。

内省のための問い

① あなたの書いた解釈が生まれるためには、その奥にどんなフィルターが必要ですか？

② あなたは起きたことを、どこから見て、どこから聞いていますか？

③　そこにはどんな信念がありそうですか？

改めて気づいたことをワークシート『気づき』欄に記入してみてください。

振り返りのポイント

何かが起きて反応した時に、自分がそれを「どこから見て、どこから聞いているのか」を内省すること、つまり、解釈が生まれたときに、どんな信念がそれを生み出したのか、自分で探求する内省を入れることが自己探求です。

外側で何かが起きた時に、自分がそれをどこから見て、どこから聞いているのかを観るために、その出来事をどう自分が描写しているのかを観て、「この解釈はどういう信念から生まれたのか？」と、どんな信念がその解釈をつくり出せるのかを探します。

不快感情を分離するために自分の中にある信念は、「〇〇がない」（例：「自分は理解されない」「人は自分を認めてくれない」）などという、欠損からできています。私たちは自分独自の「〇〇がない」というフィルター（信念）を通して世界を認知しています。

起きた外側にある事実、そして内側に〝あること〟（感情、考え、身体感覚）をどんなところから見て聞いたら、その解釈や描写が生まれてくるのかを自分に問いかけてください。

この信念は、あなたが触れたくない「痛み」のそばにあります。「痛み」とは、あなたが〝あるはず〟だと願っているものが〝ない〟という体験です。その痛みがその欠損の信念の元にあります。「痛み」を感じることは、あなたの「願い」につながることです。

じっくりと自分へ問いかけながら、自分の信念を探してみてください。

本当は何が〝あるはず〟なのか【統合】

ワークシート『❸あなたはどんなフィルターから現実を捉えていますか?』欄にあなたが書いたこと、ワークを通じてあなたが自分を理解した内側にあるフィルター(信念)を観てください。

内省のための問い

① あなたのそのフィルター（信念）は、なぜあるのでしょうか？

② その信念を持つことで、何が得られていますか？

③ その信念の裏には願いがあるはずです。本当は何が〝あるはず〟だったのでしょうか？

改めて気づいたことをワークシート『気づき』欄に記入してみてください。

振り返りのポイント

自己統合とは、自分が内側で分離させたもの、切り捨てたものを、感じることを通してつながり直していくことです。統合とは、「ある」ことに気づいていない無自覚な状態から、「ある」ことに気づいている状態に変わることです。

私たちは、痛みの体験を避けるために、内側に感じている痛みから分離しています。自分が本当には〝あるはず〟だという願いを、自分の内側で「〇〇は〝ない〟」という信念を思考によってつくり出すことで、それはもともと「〝ないもの〟」として欠損している痛みを分離しているのです。

この〝ないこと〟になっている自分の願いにつながり直し、自分に〝ある〟こととして気づくことも統合のひとつです。

「〇〇がない」という信念に対して、「何が〝あるはず〟なのになかったのか？」と問うことで、あなたの中にある真実である願い「〇〇はある」に気づくことができます。

ただし「ない」を「ある」に言葉だけで置き換え「〇〇がある」と思い込もうとするポジティブシンキングでは、あなたを痛みから守ってきた「〇〇がない」という信念には太刀打ちできません。概念に信念を変える力はありません。そのような言葉の置き換えは、不快を快にしようとする努力にはなっても現実を変える力はありません。

まずは「ない」という信念があることを認めてそれを感じます。そのうえで自分の内側に何が「ある」のかという真実につながってください。「ない」というフィルターがあることを認めないと、あるものにはつながれません。

その上で「何が〝あるはず〟だったのか」を感じてください。「ない」という概念が生まれるには、必ずその奥に「あるはず」だと信じているものがあります。

「〇〇がない」と声に出して言ってみて、何があるのかを感じてみてください。声に出して言ってみたときに湧き上がる痛みのエネルギー、そこに感じられる〝あるはず〟のものがあなたの内側にある真実・願いです。

概念の「ない」世界から実在の「ある」世界への転換は、自分の命の中に本来〝ある〟ことを認めてそれを感じることです。自分の命が本当には何を求めているのかという真実に還ることとです。この真実しか、あなたのフィルター(信念)を塗り替えることはできません。自分の中にある「真実」に還ることしか、欠損の痛みから分離している「ない」世界から「ある」に転換することはできません。

全体の振り返り

私たちの外側の世界に対する認知は、2つの源しかありません。

「○○がない」という痛みから世界を見るか、

「○○がある」「あることがただある」という内なる真実から世界を見るか、

のどちらかです。

私たちはそのどちらの源を選ぶのか、本当は選択することができます。自分がどの世界に立つのかを選択できるのです。信念（フィルター）が変われば世界の見え方が変わり、現実は変わります。自分の内側にある真実に立つことを選択するだけで世界は変わるのです。

この選択を行使することで、体験がやってきて、その体験だけが自分に「ある」真実を確信に導いてくれます。やってみないことには決して体験はやってきません。

真実を分かち合う体験は決してあなたを裏切りません。必ず自分の命は満たされていきます。自分の真実とつながった自己愛から生み出されるものは、必ず愛と循環に繋がります。

不快な反応は日々起きます。「反応」プロセスでは、痛みからこれをすぐに描写し不快を切り離す行動をとって、「やっぱり」という分離体験で終わります。反応に支配されず「自己探求」のプロセスに入ることで、自分のフィルターの理解と統合につなげることができます。その理解から選択した自分の中にある真実から起こした行動は、内側と外側の両方でつながりを生み出す可能性をもっています。

ここまでを振り返って、感じたこと、気づいたことなどを、ワークシート『気づき』欄に記入してください。

■ 現実の扱い方:「反応」と「創造」

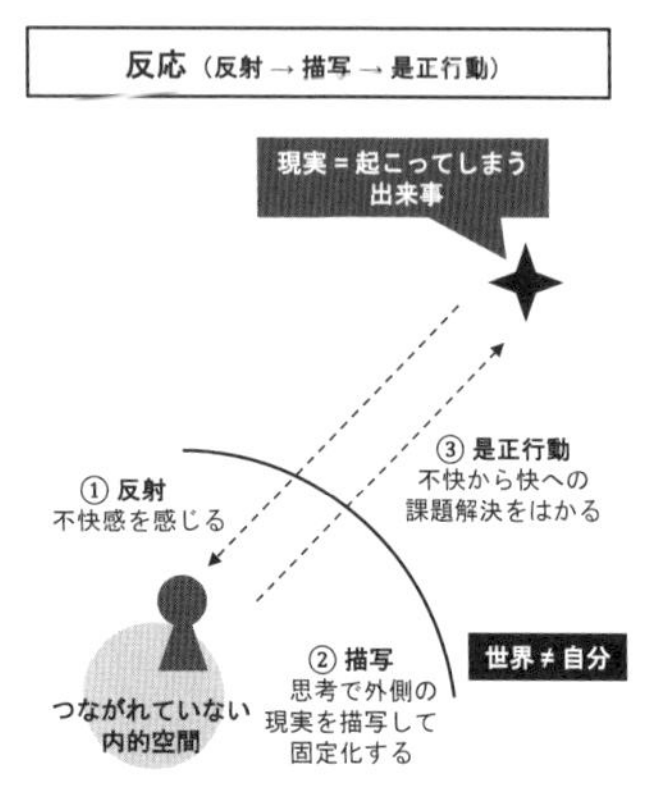

反応（反射 → 描写 → 是正行動）
現実 = 起こってしまう出来事
① 反射
不快感を感じる
③ 是正行動
不快から快への課題解決をはかる
② 描写
思考で外側の現実を描写して固定化する
つながれていない内的空間
世界 ≠ 自分

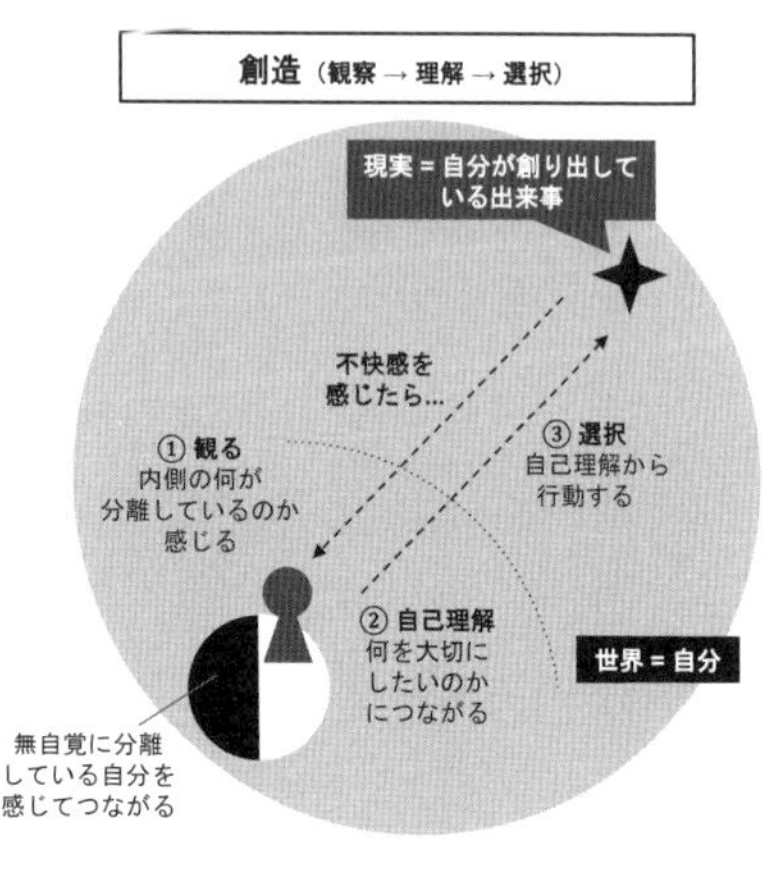

創造（観察 → 理解 → 選択）
現実 = 自分が創り出している出来事
不快感を感じたら…
① 観る
内側の何が分離しているのか感じる
③ 選択
自己理解から行動する
② 自己理解
何を大切にしたいのかにつながる
無自覚に分離している自分を感じてつながる
世界 = 自分

ワーク全体の内省ポイント

自分と世界の分離を前提としている適合の世界では、不快な出来事が外界で起こると、その不快感に抵抗し、解決するためにすぐ〝何か〞をしようとします。この反応のプロセスでは、自分の内側を観ることはまったくありません。

自分と世界の分離のない源（ソース）の世界では、何かが起きたときに、その不快感を外側の世界のせいにするのではなく、自分の内側で無自覚に何を分離しているのか、つまり自分は何につながれていないのか、どんな自分を受け入れられていないのかを感じて観てみます。

自分の思考がドラマを生み出している、つまり信念から発生した思考が、現実をつくり出しています。「〇〇がない」という欠損の信念とその痛みが、外側で起こる分離の事象を生み出しているのです。その分離の事象から自分の内側の信念に気づくことが、自分に本当は「ある」ことを観ることです。その信念を欠損からその痛みを感じることで願いに替えられれば、自分の内側にある分離は統合され、外側の世界も統合へと向かいます。

内側の世界をつくり出している源を変えないと現実は変わりません。私たちの信念が変われば、世界の捉え方が変わり、現実は変わります。

自分の体験する現実は自分が創造しています。私たちは自分の望む世界を、自己統合によって創造できる力をもっているのです。

6章のまとめ

● 起きていることをありのままに観るためには、起きている事象（事実）と解釈を区別する。（認知）

● 自己理解をするためには、外側・内側にあることをあるがまま観る。（観察）

● あることをあるがままに観る観察によって、自分の持っている無自覚な信念を探究することができる。（理解）

● 自分の中にある無自覚な信念に気づくことではじめて、欠損の痛みへの抵抗か、真実からの創造か、の選択ができる。（統合）

● 内側の自己統合によって、外側の世界における分離も統合されていく。

第2部 ワーク

7章

自己共感

このワークの意図

- 日々、不快感に反応して生きていることに気づきます。
- 不快な感情に『反応する』のではなく、その『扱い方』を体験します。
- 身体感覚に意識を向けて、自分にあることを感じることを学びます。
- 自分の内側に『何があるのか』を感じることで、自分を理解することを体験します。
- 自己共感とは何かを学びます。

■「適合」における感情の作用

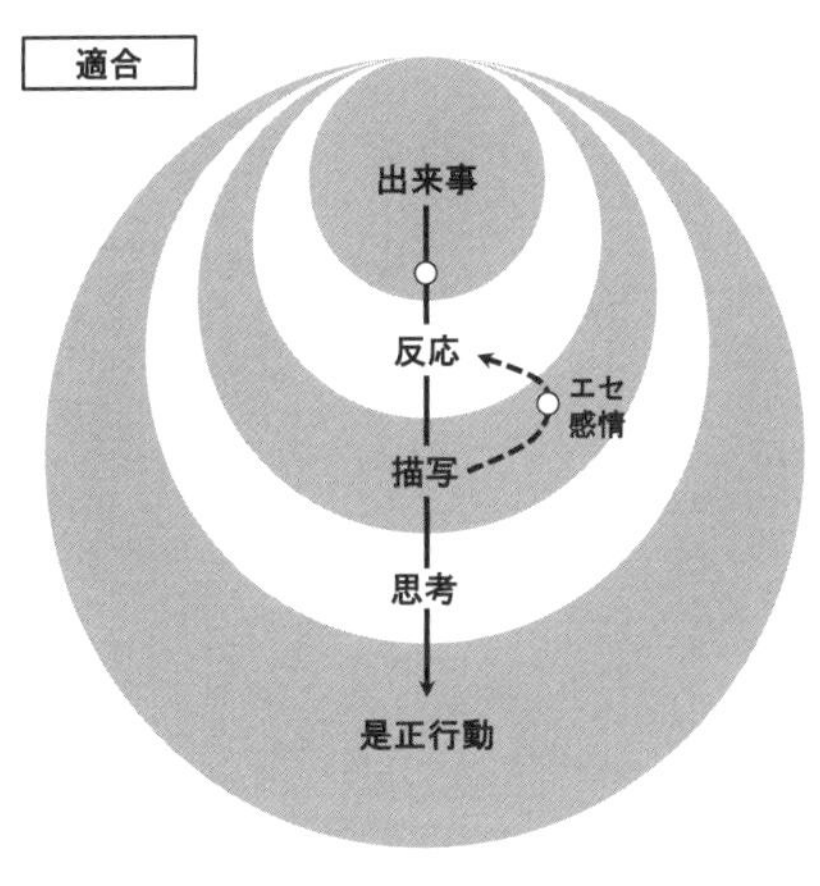

感じることでつながれる

私たちはどんな瞬間も絶え間なくさまざまなことを感じ続けています。自覚はなくても身体は、常に何かを感じている状態にあります。顕在意識では何も感じていないと思っているかもしれませんが、私たちは身体に備わったさまざまな感覚器官を通じて常に何かしら感じとっています。自覚している感情や身体感覚もあれば、気づかないまま身体の中で感じていることもあります。自分の内側にある〝感じる空間〟を通じて、常に膨大な非言語の情報を受け取っているのです。

私たちが普段意識しやすい非言語情報は不快な感情です。通常は不快な感情を感じると、その不快感を早くなくそう、快にしようと反応して行動します。

一般的な外側の世界の捉え方は、すでに確立した世界がそこにあり、その世界に後から生まれてきた私は、自分が生きていかなければならないこの与えられた環境において、自分を合わせてそこで受け入れられることによって生き残らなくてはならないという、生存意識に基づく「適合」のパラダイムです。

外界で不本意な出来事や事象が起きると、私たちの内側には何かしらの不快な感情（＝反応）が湧きます。人間の生存本能は不快なものを排除しようとするので、不快な感情を感じないで済むように、素早く反応してそれを是正する行動をとろうとします（**是正行動**）。

また、反応に伴う不快な感情を感じているのは嫌なので、その不快感に対処するために、思考でその起きている状況を言葉にして描写し、客体化することで自分の感覚から切り離します。その思考の描写は、実際に起きていることとは切り離された、自分の思考がつくり出した、不快感や価値観に脚色されたバーチャルなドラマです。人間はこのバーチャルなドラマから怒ったり悲しんだりという感情を体験します。（この感情はあくまでも思考の描写から触発されたものなので、ここでは「エセ感情」と呼びます）。そして、このエセ感情からさらに反応は加速し、そこから行動がつくり出されていきます。

このように不快感情に抵抗していると、人間は不快感を何とか是正しようとするパターンでしか行動できません。不快に自動的に反応しているだけなので、本質的には攻撃するか、防御するかのどちらかの反応的な行動パターンに陥り、そこから自分を満たす体験は決して生まれません。

では、私たちはどうしたら自分を満たす体験・生き方ができるのでしょうか？

自分を満たす体験をするためには、まず自分を理解する必要があります。自分が本当には何を求めているのか、がわからなければ、自分を満たすための行動もとれず、その体験をつくり出すことはできません。

「満たされる」という体験は、どこから生まれるのでしょうか。自分が「満たされた」と感じるのはどんな時でしょうか。外側にある物質的なものだけで満たされる、というわけではありません。お金がどれだけあっても、どれだけ地位や名声を手に入れても人は満たされないと感じることがあります。私たちが満たされたと感じるのは、自分の命が外側の世界で体験することで感じたいことが、内側で感じとれるときです。自分のこの命の欲求に叶った体験ができたとき、私たちの身体は「満たされた」という充足や幸せを感じるようになっています。

　自分は何で満たされるのか、何が自分の命に叶っているのかを理解するには、自分の内側につながる必要があります。自分の内側にあることを「感じる」、という行為を通して、私たちは自分の命が真に求めていることに気づくことができます。自分の内側の空間に意識を向け、そこにある非言語の情報を受けとることで、私たちは何が自分の命に叶っているのか、がわかるのです。その情報は「気づき」を通してもたらされる、顕在意識ではそ

■“源”における感情に対する対応

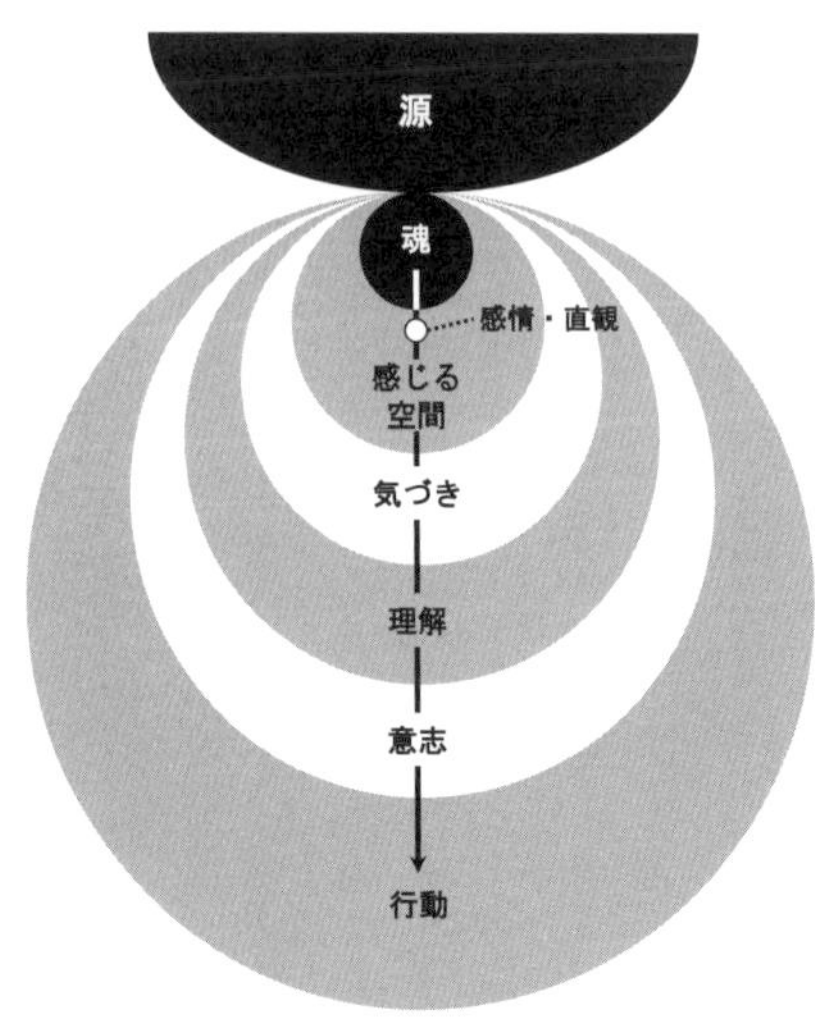

れまで自覚していなかった情報になります。

人間はすべての生命を育んでいる大いなる意識（源）とつながった個別の「魂」が、肉体に宿ることによって生かされています。私たちはこの魂のメッセージを自分の身体の感じる空間を通じて受け取っています。自分の身体の感じる感情や直観を通して、命は何を求めているのかという情報を受け取ることができます。私たちが自分の命を満たして生きるためには、この感じる空間にある非言語の情報に気づきを通して意識的になり、命としての自分が求めていることを理解することが、不可欠なのです。

源から生きるとは、感じるという機能を通して内なる命とつながって生きることです。外側で起きた出来事を触媒として、自分の内側には何かしらのエネルギーが動く体験が起きます。そこにあるものを感じ、味わいます。外側で不快感をなんとかしようと事象に対して対処するのではなく、その出来事から自分は何を内側で感じているのかという体験から情報を受けとり自分について理解する。そしてその理解から自分の命に叶った行動をする。これが、源からの生き方です。源の世界では、起きる出来事や体験には「いい・悪い」という区別はありません。起きる出来事から内側に起こる体験があり、そこに感じる世界があり、感じ取ることで自分に何があるのかという気づきが生まれるだけです。

適合の世界では、外側の出来事の快・不快が起点にあります。源の世界では、内側の感じる世界が起点です。源の世界にとって、外側で起きることは、それによる内なる体験を通して命につながる機会です。外側で起きることから自分は内側で何を体験しているのか、そこから自分に何があるのかに気づき、命としての自己理解につなげます。

一般的には、感情に対して自分の内なる命からのメッセージがきているという促え方がありません。出来事が起こったときの不快感に反応し、その不快を何とかしようとその原因になっていると認知している人や出来事に対して、描写し、問題として特定して、それを是正しようとするというパターン行動でしか自分の感情を扱えず、結果として、反応として掻き立てられた思考で埋め尽くされ、自分の内側にある感じる空間は潰れています。

■ 反応・エセ感情・そこにある真実

	① 反応感情	② エセ感情	③そこにある真実
定義	何かの外界にある対象に対してムッとする、イラっとするなど瞬間反射的に起こる。	①の後に思考から色々な解釈・ストーリーが作り出され、その思考の描写から生まれてくる感情。 （後から頭で起きた不快なことについて考えるとエセ感情が湧いてくる）	描写、思考の解釈やストーリーを一切入れずに「内側に何があるのか？」と意識を内側に向けて自分の中に”ある”と感じとれるもの。
例	「なんでお前いつもちゃんとさ、俺のアドバイス聞かないわけ？自分のやり方にこだわってるから結果でないんだよ。」って、 XXさんに言われた時にムカッとした。	（電車の中で今日あったことを考えて）XXさん（上司）ほんとダメ出ししかしないよなあ…。そりゃまあまだ結果出せてないけどさ、たまにはちょっとくらい頑張りを褒めてくれてもいいのに。 いかにも「お前よりも俺はできる」風な物言いが腹たつんだよなー。	②まで感じてみて自分の内側に意識を向ける。そこに何があるかを感じる。 ↓ 「頑張ってるって認められたいって思ってるんだな…」 ↓ 「本当は成果出せてない自分に悔しい気持ちがあるんだな…」

感じる世界は「あると感じるものがそこにただある」を感じる世界です。感じる世界には「いい・悪い」という区別はありません。私たちの内側にあることを、「いい・悪い」の評価・判断をすることなく、ただあるんだね、と感じる。この感じる世界を開くには、「自分のなかにあることがただある」という評価・判断から自由になった自己受容の器を育むことが大切です。内側にあるものを感じたくないと抵抗して思考が発動すると、私たちは自分の中にあることをあるがままにしておくことができません。

「自分の中にあること」をありのままにただあると感じることで気づきが生まれ、それまで未知だった自分の深いところにある何かを理解します。この感じる世界から、それまで知らなかった自分の内側にある情報につながり、気づきを得るプロセスを「**自己共感**」といいます。

これからワークを通して、起きた出来事の体験から生じた自分の内側にあることをただ感じ、その非言語の空間にある情報を受け取ることで自分を理解する、自己共感を体験します。

何か外側に体験があると、私たちは身体を持っている以上、五感を通じて必ず何かを身体の内側で感じています。その内側で感じているものには大切な情報があるのですが、これにつながる習慣を私たちは失くしてしまっています。内側に『何があるのか』に意識を向けることで、感じる機能を通して気づきを得ることができるのです。

7-1

「不快感への反応」のワーク

❶ どんな不快な出来事が起きましたか?

⬇

❷ その出来事が起きた瞬間どんな身体反応がありますか?

⬇

❸ 反応の後、頭の中にどんな描写・ストーリーが出てきますか?

⬇

❹ どんな感情が出てきますか?

⬇

❺ その後にどんな思考が出てきますか?

⬇

❻ 考えた結果、どんな行動をして、どんな状況になりましたか?

気づき

-
-
-
-

7-2 「源につながる」ワーク

❶ どんな出来事が起きましたか？

❷ その出来事が起きた時のことを思い浮かべながら身体へ意識を向けて、あなたの内側に「何が“ある”のか」感じてください。 内側に“あるもの”を感じると、それは変化したり“ある”ものが他の場所に移ったりします。これを繰り返して、新しい身体感覚に移らなくなったら、❸に進んでください。

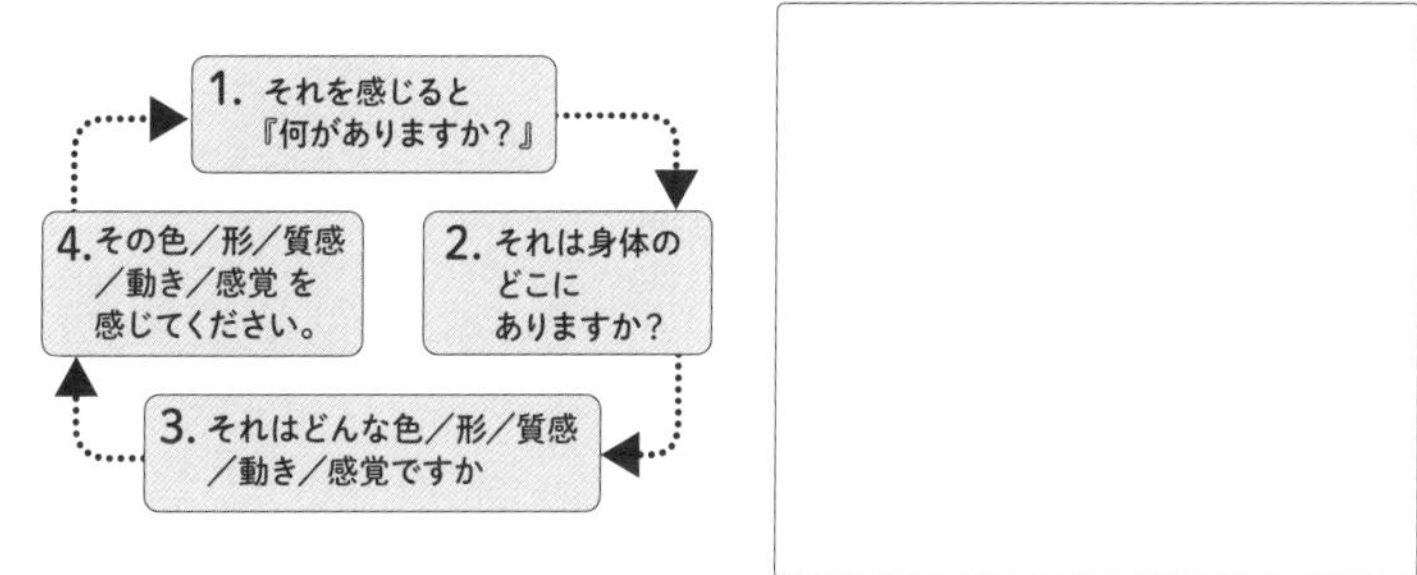

1. それを感じると『何がありますか？』
2. それは身体のどこにありますか？
3. それはどんな色／形／質感／動き／感覚ですか
4. その色／形／質感／動き／感覚を感じてください。

❸ ②の体験から身体が伝えてくれていることは何でしたか？

❹ ③を受け止めると、①の出来事についてどんな気づきがありますか？

気づき

•

•

•

•

※ワークシートはデータをダウンロードできます。詳しくは12ページをご覧ください。

ワーク

——「不快感への反応」のワーク——

まずは、『不快感への反応』のワークシートに記入をしてみましょう。
ワークシートの『❶どんな不快な出来事が起きましたか？』欄から『❻考えた結果、どんな行動をして、どんな状況になりましたか？』欄のすべてを記入してください。

内側の分離は外側の分離に

『不快感への反応』のワークシートに、あなたが書いたことを観てください。

内省のための問い

① 不快に反応すると、内側で何が起こりますか？

② 結果的にそれはどのような体験になったでしょうか？

改めて気づいたことをワークシート『気づき』欄に記入してみてください。

振り返りのポイント

不快な感情に反応して行動をとったとき、どのような体験になったでしょうか。

感情を感じて自分の中にある真実を理解することなくただ不快に反応した行動は、自分が本当にはその体験で何を求めていたのかという自覚のないまま、単に不快感に抵抗し、それをなんとかしようとする反応的なパターン行動になるため、どんな行動をとったとしても、結果的に満たされることはありません。不快感に抵抗して何かしらの行動をとった結果、その不快から自分を切り離せたかもしれませんが、それによって自分が満たされたという体験には決してなり得ません。また、自分の中にある真実とつながれないまま、外側の世界に対峙しても、そこでつながりを感じることはできないのです。

不快感に反応しているとどんな結末になるのかを、プロセスとして構造的に捉えてみてください。

――「源につながる」ワーク――

次に『源につながる』ワーク（Ｐ169）に取り組んでいきましょう。

【ステップ1】

『❶どんな出来事が起きましたか』

『不快感への反応』のワークの『❶どんな不快な出来事が起きましたか？』欄に記入をしたことを、『源につながる』ワークの『❶どんな出来事が起きましたか？』欄に書き写してください。

【ステップ2】

『❷その出来事が起きた時のことを思い浮かべながら身体へ意識を向けて、あなたの内側に「何が〝ある〟のか」感じてください』

まず『❶どんな出来事が起きましたか？』欄に書いた出来事を、目を閉じてじっくりと思い浮かべてください。その体験にある情景・イメージや身体の感覚などが出てくるまで、ゆっくりと思い浮かべてください。

これは身体感覚に意識を向けるワークです。目をつぶったまま、その時の光景をありありと思い浮かべてみましょう。そのときに耳に入ってきた言葉や声色、目に見えていた周りの光景などをなるべく鮮明にイメージして、その時の状況を思い浮かべます。

次に❷の欄へ進みます。

目を閉じて❶の出来事を思い浮かべながら身体に意識を向けて、あなたの内側に「何があるのか」をただ感じてください。

そのあとは、目を閉じて身体に意識を向けたまま、以下の1～4を繰り返し、身体にあることを追いかけて、ただそこにあるものを感じ続けてください。このワークは誰かとペアを組んで質問をしてもらえると効果的に身体に意識を向けられます。ひとりでやる場合は次の説明に沿って進めてください。

1「それを感じると何があるか?」と心の中で自分の身体に問いかけてください。そして感じとれる〝自分の身体にあること〟に意識を向けてください。

2その意識を向けたところに〝あること〟をただただそのまま感じてください。何も考えず、そこに集中して感じます。

3 そこにあるものは、どんな色／形／質感／動きで存在しているのかを、なるべく鮮明に感じてください。

4 その色／形／質感／動きに意識を向けて、そこにあるエネルギーをゆっくりと感じてみてください。しばらくするとそこにあるものが変化したり、なくなって他の身体の部分に感じられるものが移っていくかもしれません。そうしたら、その新しく感じられる〝あるもの〟に意識を向けます。

（1～4を繰り返し、新しい身体感覚に移らなくなったら、❷は終了です）

このワークは、感じることに集中できる空間を保つことが大切です。誰かとペアになってやる場合は、1～4を相手に声を出して問いかけてもらいます。1～4の投げかけてくれる問いに対して、目を閉じて身体に意識を向けたまま自分に感じとれるものを声に出してください。聞き手は、出てきた単語を簡単にメモしてあげてもいいです。話し手は、問いに対して思考を使わず、感じるままただ出てくる言葉を出してください。

【ステップ3】

『❸❷の体験から、身体が伝えてくれているのは何でしたか？』
『❹❸を受け止めると、❶の出来事についてどんな気づきがありますか？』

あなたの内側にあることを感じた今の一連の体験から、わかったことは何ですか？

考えるのではなく、ワークの❷で内側にあることを感じ尽くして、今、身体にあることを感じ尽くすことで湧いてきたメッセージをそのまま受け取ってください。

ワークシート『❸❷の体験から、身体が伝えてくれていることは何でしたか？』欄に、それを記入しましょう。

そして❸でわかったことから、❶に書いた出来事を改めて観て、『❹❸を受け止めると❶の出来事についてどんな気づきがありますか？』を記入してください。

全体の振り返り

このワークを通じて、自分の内側を『感じる』という機能を意識的に使い、そこにあるものを感じ尽くすことで自分の身体にある智慧につながるということをやってきました。

このワークを通じてあなたが感じられたものは、あなたの中に実際に〝ある〟ものです。〝あること〟を感じていると、どんな感覚になりましたか？　何が起こりましたか？

ワークシートにあなたがこれまでに書いたことを振り返って、改めて気づいたことを『気づき』欄に記入してください。

もしかしたら今まで感じないように蓋をしてきた感情に触れて、涙が出ることもあるかもしれません。それは感じられないまま身体に留まっていた感情が溢れているのかもしれません。このように、無自覚に身体に残っている、感じ損ねていたエネルギーを感じることが、自分に大きな気づきをもたらしてくれることもあります。

ただ感じるということに難しさを覚えた人もいるかもしれません。小さい頃から感じることを抑圧する習慣があると、自分の中にあるものを感じることを、自分に許せなくなっている可能性があります。例えば一般的には、男性は〝泣くのは恥ずかしいことだ〟といった観念から、いわゆる負の感情をありのまま感じることを抑圧している傾向があります。また、小さい頃から感受性が強く、いろんな感情を感じたときにその扱い方がわからず混乱し、ずっとマヒさせてきたという人もいるかもしれません。

よく「どうしたら感じられますか？」と質問する方がいますが、感じる、は行為ではありません。私たちはどんな瞬間も身体を通して「感じ続けている状態」で生きているのです。それに意識を向けることが、感じている、ということなのです。

感じることに対して、気づいたことがあれば、ワークシートの『気づき』欄に記入してください。

「何があるか?」あることにただ意識を向ける

私たちは普段、何かが起きると、「どうすればいいのか?」とすぐ思考が回ります。思考を通して何をすべきかを考えることはできても、その出来事によって自分の内側には何が起きているのかという内的体験には意識が向かず、自分のことがわかりません。

外側でどうすべきかを考える前に、その出来事を通して内側にどんな体験があるのか、という理解が必要です。なぜなら、内側にあることを感じて理解することで、はじめて自分がその体験において何を求めているかを理解できるからです。そして、その情報は自分の内側の感じる空間にしかありません。頭でどんなに考えても自分が何を満たしたいかは、本当はわからないのです。

その感じる空間にアクセスするために、自分の身体に意識を向けます。自分の身体に意識を向け、身体の感覚を感じにいきます。このワークでペアで問いに答えてもらうのも感じていることを言葉という音にして、それを自分の耳で聴くことで、よりあるものを感じられるようにしているのです。

そのために

「何がありますか?」

という問いを使います。

これはとても不思議な問いです。自分の内側に〝あること〟を自覚的に感じるためにはそれに意識を向ける必要があります。この問いは、そのあるものに意識を向けてもらうための問いなのです。

身体は、私たちが身体に意識を向けていなくても常に何かしら感じている感覚器官です。物理的に目に見えるものではなかったとしても、私たちの身体が感覚的に何かがあると感じているということは、そこには何かしらのエネルギー(震え・こわばりなどの物理的な動き、ホルモンの分泌による体内反応などなど)が存在しています。

「何があるのか?」と自分に問いかけることで、身体で感じているものに意識を向け、自覚的に感じとることができるようになります。深く感じるには、より微細な感覚に意識を向ける必要があります。

それが身体のどこにあるのかを問うと、身体のその場所に意識が向かい、そこにある感覚はより鮮明に感じ取れます。それはどんな色／形／質感／動きなのかと問うと、そこにあるものは堅いものなのか、柔らかいものなのか、温かいのか、冷たいのか、どんな色でどんな大きさで、どんな動きのイメージなのかと、より実体的に感じとることができるようになります。

こうして、より鮮明に微細に感じることにより、私たちは自分の中に〝あること〟を、より明確にすることができます。

〝あること〟をありのまま感じることが難しいのは、これはいい、これは悪いという思考の判別が常に働いているからです。

「何があるか？」は「いい・悪い」という二元論的な意味が一切入り込めない、中庸な問いです。快も不快も関係なく、何を感じたとしても、ただあるものとしてあるがまま感じます。不快感に対して抵抗が生じると、その不快感を切り離すために瞬時に思考が動き出し、ありのままを感じることはできなくなります。

自分にあることをただありのまま感じるために、「何があるのか？」と純粋に問いかけます。

この問いには、人間の内側にあるものは、何があってもそこにいい・悪いは本当はなく、それはすべて純粋に命の現われであるという前提があります。

感じて理解する。理解すると選択が起こり、そこから考え行動する。

私たちは生まれてから、感覚（五感）→感情→思考という順番で人間としての機能を発達させていきます。大人になると「考える」そして「感じる」という2つの機能を兼ね備えていますが、今はこれを統合して使うことができていません。

何か外側で不快な出来事が起きると、それに対してどうすればいいのかと、私たちは即座に考えはじめます。それは、「考えればうまくいかせることができる」と思っているからです。

それは本当でしょうか？

そもそも、うまくいくとは何でしょうか？「うまくいかせたい」のはなぜなのでしょうか？

「源の世界」は、外側の出来事を触媒として内側で生じる体験があり、体験から生じたその内側をありのまま感じることで自己理解が生まれるだけです。この「自己」とは、自分の内側にある源と呼ぶ命のことです。自己理解とは、内側に宿る命が自分に求めていることに気づくことなのです。

私たちは命として自分を満たし、命を全うするために生かされています。うまくいかせることで不快はないかもしれませんが、快適なだけでは命が求める体験はできません。快・不快の様々な体験があるからこそ、その体験を通して私たちは自分の命とつながり、そこから命に叶った選択や行動ができるのです。

自分を理解し命に叶った生き方をするには「考える」という機能だけでは不十分です。「感じる」空間で自分を理解するという機能を使わないまま生きていると、自分を命として理解する術を持たないまま人生で何を求めているかがわからず、迷子になってしまいます。

自分に〝あること〟をただあるものとして感じる。そうすると、私たち人間は、自分の命が何を願っているのかがわかります。考えればわかると思っているかもしれませんが、本当は感じることでわかるのです。

「感じる」という機能は、自覚的に使っていないだけで人は誰もがこの機能を持っています。私たちの身体そのものが感覚器官で24時間どんな時も絶え間なく働いています。

〝あること〟を感じて命の願いにつながる。そうすると、気づきや智慧が内側から湧き起こります。そこから、どうしたらその命が求めるものを外側の世界で体験としてつくり出せるのかに思考を働かせ、創造性を発揮することができます。

自分の望む現実を創造する生き方は、

〝あること〟をあるがままにただ感じる→理解（気づき）→湧き出る自然な意志→思考→行動→体験

というプロセスなのです。

ワーク全体の内省ポイント

「**適合の世界**」は、「いい・悪い」「あっていい・あってはいけない」「正しい・間違っている」という二元的な世界です。

この世界では、こういう自分はいい・こういう自分はダメだ、こういうことは起きてもいい・こういうことは起きてはいけないという、自分の中で「あっていい・あってはいけない」という二元的な分離を前提としています。

適合の世界は、不快な体験の回避努力と是正努力で成り立っています。どんなにいろいろシミュレーションをして不快な体験を回避しようとしても、不快な感情を伴う体験は現実に必ず起こります。私たちの生存本能は、不快感という生存を脅かす原因をなんとかしようと、思考で状況を描写・ストーリー化し、「どうしたらうまくいくのか？」と原因分析と解決策を思考し、そこから不快な問題をなくすための行動を起こします。

これが不快の反応の中で生きる「**適合のOS**」の元型です。

■ 適合のOS：不快解消のための是正行動

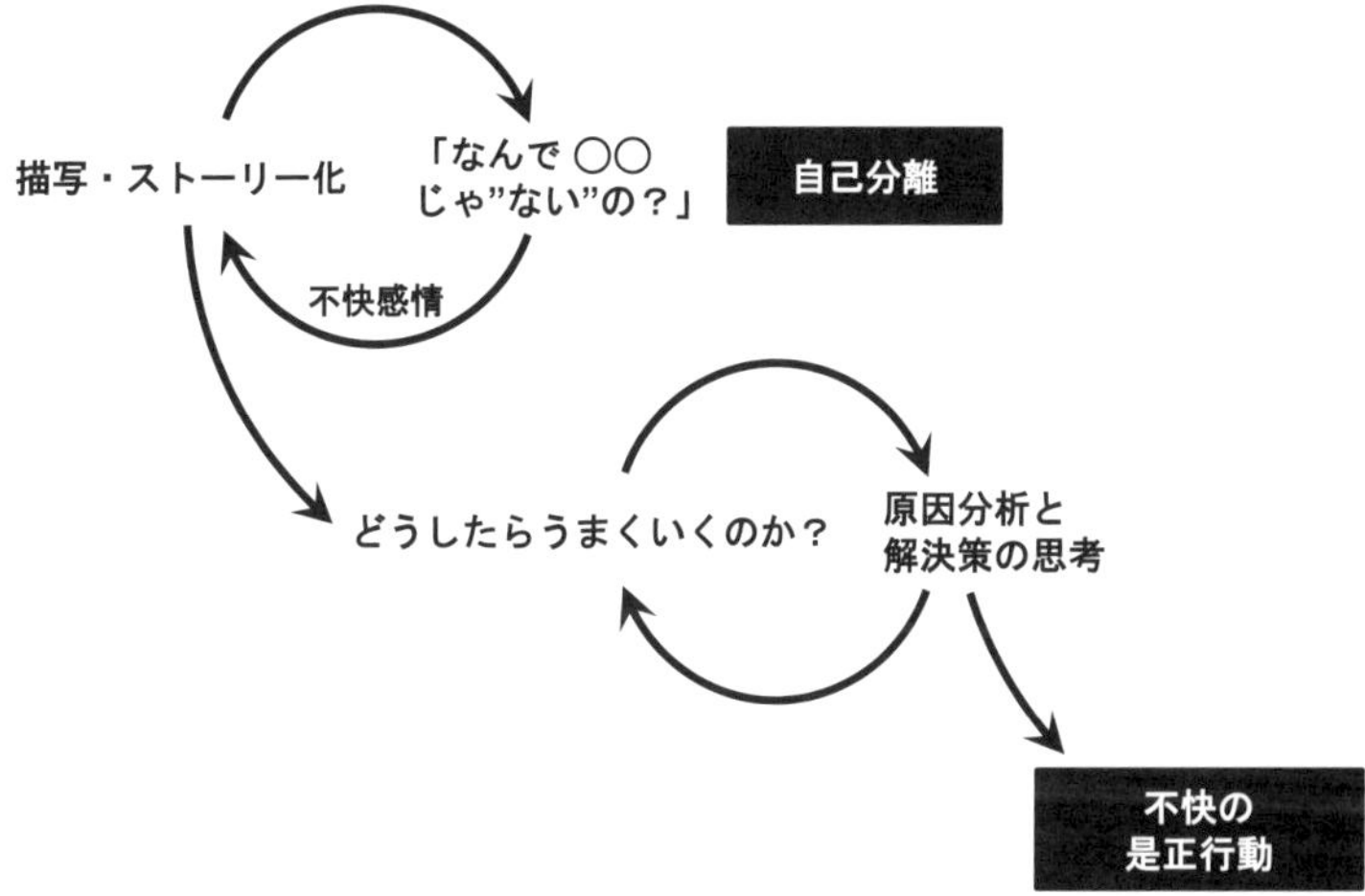

■ 源のOS：源の智慧から創造

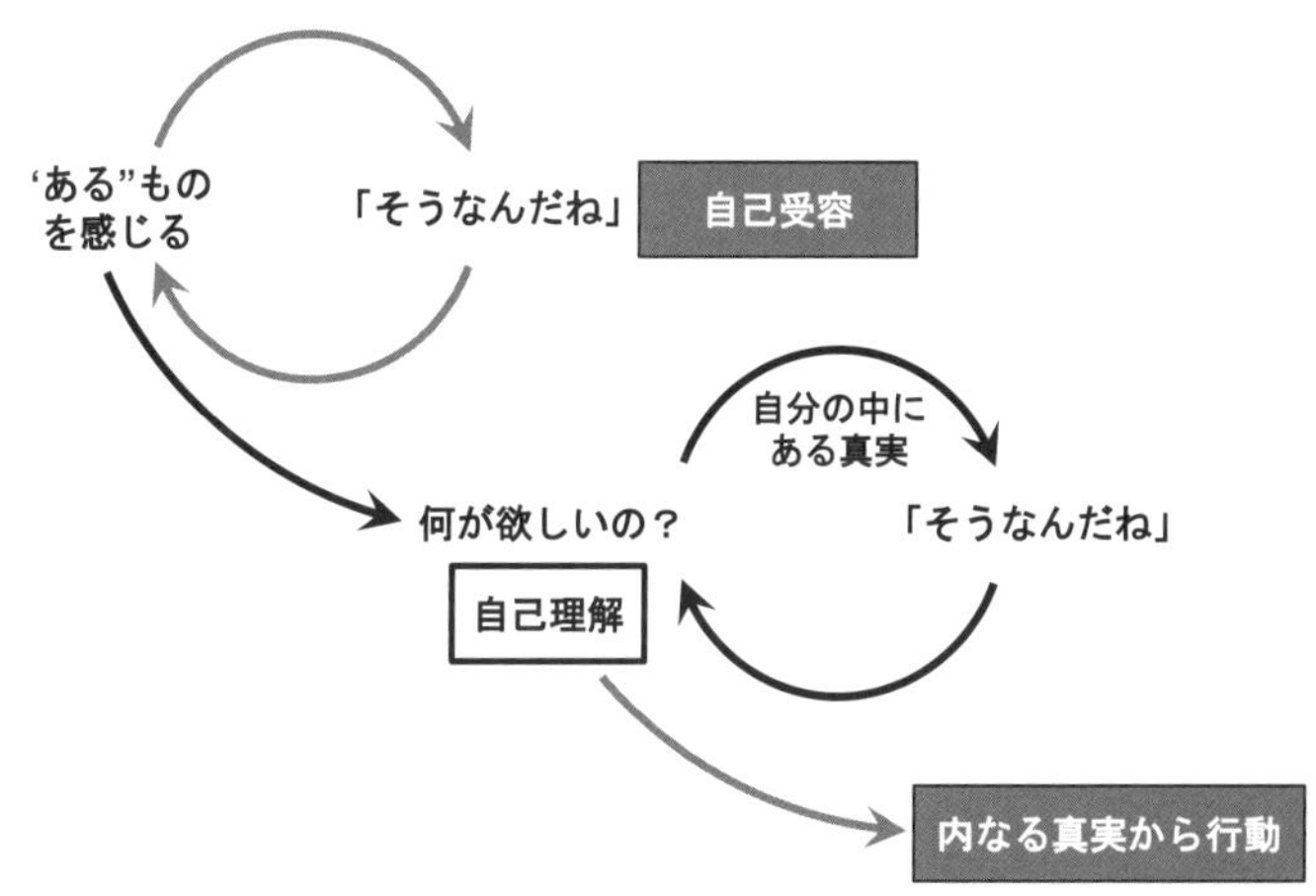

7

ワーク 第2部 7章 ―― 自己共感

■「ある」が創り出す創造モデル

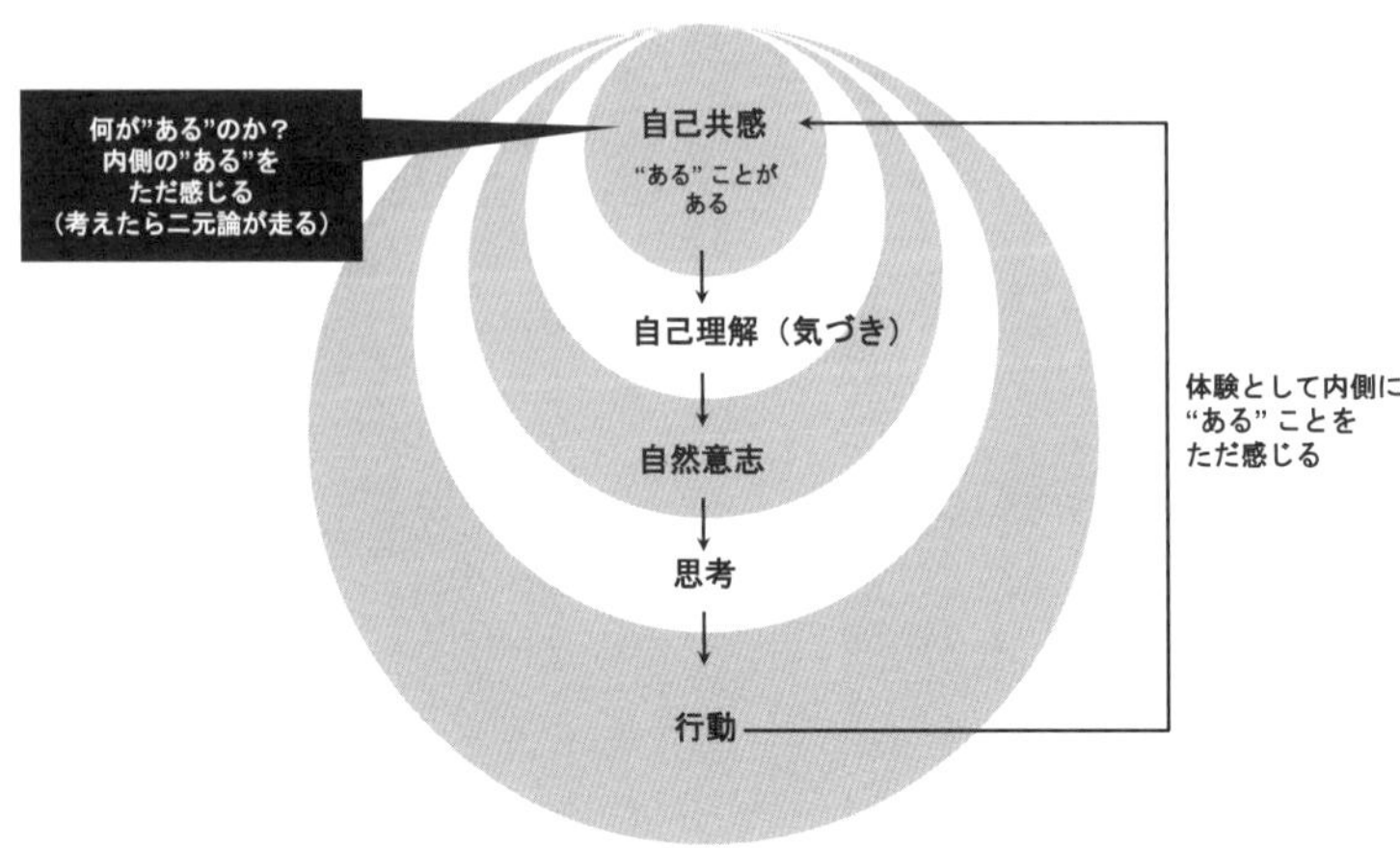

この適合のＯＳで生きる限りは、不快・痛みを回避しようと生きているだけなのですが、そこそこ「うまくいっている」、生存的には快適な人生にはなりますし、人によってはいわゆる社会的な成功も手に入れられるかもしれませんが、命として真に満たされて生きる、という人生にはなりません。

一方、「**源の世界**」は、〝あるもの〟がただあるという中庸な世界です。

源の世界では、人生にはただ体験があります。すべての体験に「いい・悪い」はなく抵抗や執着のない世界です。〝あること〟がただあるという中庸な世界から、自分の内側に〝あること〟をありのままに感じ、ただあるがままを認めます（**自己受容**）。

そこから、「何が欲しいの？」と自分の命

に問いかけ、身体という感覚器官を通じてつながる自分の中にある真実を「そうなんだね」とありのままに受け取る。そして、それを真に受けて行動する。

これが、自己共感×自己理解→内なる真実から行動する「**源のOS**」の元型です。

この源のOSで生きることで、私たちは自分の命の声につながって日々を生きることができます。

自分がどちらのOSから生きるかによって、世界の見方、つまり認知が変わり、そこからつくり出される現実・体験が変わります。

体験する世界は、自分がどちらの内的世界で生きているのかによって大きく異なるのです。

7章のまとめ

- 不快に反応し、不快を避けて快だけを求めて生きても満たされることはない。
- 自分の内側に〝あること〟を感じることで、命の求めていることがわかる。（自己共感）
- 〝あること〟を感じるには、身体に意識を向け「何があるか？」と自分に問いかける。
- 源から生きるとは、感じる（自己共感）×気づき（自己理解）→内なる真実に従って生きること。

ワーク

第2部

8章

不快な感情の扱い方

このワークの意図

- 「感情」とは何かを学びます。
- 不快な感情の本質を理解し、どのように意識的に扱えるのかを学びます。
- 代表的な不快感情についての理解を深めます。

感情は源から自分の命へのメッセージ

普段、自分の負の感情をどのように扱っているでしょうか？

感情について、私たちにはいろいろな体験があります。

怒りから感情的になって、その怒りを相手にぶつけてしまい、関係性が悪化する。悲しみを感じて泣いていたら、男は泣くもんじゃないと言われたり、からかわれたりする。うれしくてはしゃいでいたら、そんなにはしゃぐものじゃない、とたしなめられる、など。

このような体験から、私たちは、感情的になったり感情を外に出すことはよくないこと、好ましくないことだと思っています。感情的にならず、理性的で冷静であることが大人であり、それがあるべき姿だといつの間にか思い込みます。自分の内側に感情が湧き、それを感情的に外側に表出した時の体験によって、私たちは自分の内側で、感情自体がやっかいなものだ、よくないものだと、知らず知らずのうち否定的になり、それを感じている自分を未熟だとか、弱い、情けない、男らしくない、などと裁いています。

感情はダメなもの、ない方がいいものなのでしょうか。それなら、なぜ人間に感情はあるのでしょうか。

私たちは身体の感覚器官を通じて外側から得た情報と、身体の内側にある情報の両方を通して体験をつくり出しています。内側にあるどんな情報を元に外側に起きていることを認知するかによって、さまざまな生理的な反応・情動が起きます。人間はこの生理的な反応・情動を意識的に感情として感じることができます。

この生理的な反応・情動は、命のために必要だから存在しています。それは、命にとって外側の世界において何が必要なのかを内側から教えてくれている、自分の命からのメッセージです。もし、自分の内側に、外側の環境と自分の内側の相互作用から生まれるさまざまな生理的な反応・情動がなければ、私たちは自分の命がこの外側の世界において何を求めているのかがわからず、自分を満たすことができません。

人間は、顕在意識を持って外側にあることを客観的に認識し、思考することで、過去の体験の記憶や外側にある情報から複雑なパターンを見出し、未来へのさまざまな予測を考えられるようになりました。何が起こっているかを描写し、分析し、どうしたらいいのかを考えれば、痛みや不快を回避できる方法を考えることができます。私たちは、こうして思考を発達させて情報を処理し、生存するのにより安全で快適な環境をつくってきました。

この思考の機能は快・不快を判別し、状況を描写して分離し、できる限り不快な体験を避けて安全に生きることに大きな役割を担っています。しかし、自分の内側にある命が何を求めているのか、何を必要としているのか、何を願っているのかはどんなに頭で考えてもわからないのです。だから、思考でいろいろと考えて〝よく〟生きようとしても、これが正しい、これがいいと思える範囲で行動できても、自分を無条件に命として満たすことがなかなかできません。私たちが、自分の命に叶って生きるためには、外側の体験を通したフィードバックである感情を感じて、自分の命が内側から何を求めているのかを理解する必要があります。

　感情を感じるとは、どんな感情があったとしても、それをただあるがままにして内側を観ることです。評価判断なくそこに意識を向けて〝観る〟ことで、私たちは感じていることに意識的になれます。一般的に感情には〝いい〟感情（快、ポジティブ）と〝負〟の感情（不快、ネガティブ）があると認識されています。不快な感情を感じると、その奥にある痛みに触れることに抵抗が起きるため、痛みに触れないように、その不快をなんとかしようと思考は働きます。もともと感情に、「いい・悪い」はありません。

　私たちの身体は、自分の命の求めることが満たされている状態にあると、満ち足りている感覚と心の平安から、穏やかで開いている状態になり、外側とのつながりも感じられ、幸せな感覚になります。一方で、自分の命の願いが満たされていない状態になると、その命の願いに気づけるように、不快感を伴う身体の反応に必ず意識が向くようにできています。命にとって重要だからこそ、そこに確実に意識を向けて気づけるように身体は不快感を抱くようになっているのかもしれません。だから、不快な感情があること、不快な感情を抱くことは、私たちが命の求める声に意識を向け、それを理解して生きる上でとても大事な機能なのです。

私たちは、不快な感情を感じなくても済むようにと、感情を感じることをマヒさせようとします。思考で割り切ったり、忘れようとしたり、お酒や快楽で紛らわしたりと目を背けようとします。しかし、感じることをやめてしまうと、命の声を受けとることができなくなり、その願いが満たされた喜びも感情を通して感じられなくなります。ネガティブな感情だけを切ることは、残念ながらできないのです。ひとつの感情を抑圧すると、他の感情を感じることも難しくなってしまいます。喜びや感動などポジティブといわれる感情も感じにくくなってしまうことが、感情を切り離すことによる大きな人生の代償になります。

感情は、私たちに生来的に備わっている自分の命の願いをこの世界で現実化するための機能です。しかし、私たちは感情の扱い方を誰にも教えられないまま、感情的になって感情を外側に表現した時や、感情をぶつけられた時のトラウマなどから、感情自体がダメなものだと思っています。人間が知的に感情の機能を理解し、内側の感じる世界で感情を扱えるようになれば、感情を通して命につながり、その命が求めていることを理解し、それを満たすために考えて行動し、自分の体験したいことを外側の世界でつくり出すことができます。

ここでは、普段私たちが、ない方がいいと捉えがちな不快感情の扱い方を学びます。不快感情を切り離したり抑圧したりせずに、あるがまま感じて理解し、意図的にそれを扱えるようにしていきましょう。

「不快感情の扱い方」のワーク

不快感情	感情に対する自動反応（一般的な扱い方）	意図的に感情を理解する
怒り		
悲しみ		
憎しみ		
嫉妬		
嫌悪		
不満		
さみしさ		
不安		
混乱		

気づき

-
-
-
-

※ワークシートはデータをダウンロードできます。詳しくは12ページをご覧ください。

自分の感情をどうしているか？

ここまで読んで、感情について感じたこと、気づいたことを「不快感情の扱い方」のワークシート『気づき』欄に記入してみてください。

ワーク

――「不快感情の扱い方」のワーク――

まずは、ワークシートの『怒り』の行だけを記入します。

「怒り」の感情を扱っていきましょう。

あなたは、「怒り」を感じたとき、普段どのようにしていますか？　「怒り」を感じたとき、どのように反応していますか？　『感情に対する自動反応（一般的な扱い方）』欄に記入してください。

つぎに、この「怒り」の機能について考えてみましょう。「怒り」は何のためにありますか？「怒り」を感じるのはどんなときで、それはあなたに何を伝えてくれていますか？『意図的に感情を理解する』欄に記入してください。

自分が今、そのことに対して実際どうしているのか、という現在地が認識できないと、どんなに理想を掲げても、行動を変えることはできません。まずは、自分が今、不快な感情があるときにどうしているのかをじっくりと思い起こし、何をしていても、それに「いい・悪い」の評価・判断をすることなく観てみてください。あることに気づくこと、ああそうしているんだ、とただ認知することが大切です。

「怒り」は現実を創造する情熱のエネルギー

ワークシート『怒り』の行に、あなたが書いたことを観てください。

内省のための問い

① 怒りが湧いたとき、自分の中でそれを出さないように抑圧し、抑圧し続けた結果、どこかで暴発してしまうという体験はありますか？

② 怒りを感じるとき、そこに何が〝ない〟のでしょうか。本当には何が〝ある〟はずですか？

改めて気づいたことをワークシート『気づき』欄に記入してみてください。

振り返りのポイント

「怒り」は私たちの社会では、最も扱いづらい感情になっています。怒りがあると自分を制御できなくなるという怖れから、怒りで人を傷つけないように表出しないようにコントロールしなければならない、とされています。

私たちは怒りを感じると、人を傷つけることを怖れて、怒りを抑圧します。しかし、その衝動を抑えきれなくなると、人を責めたり、攻撃的になったり、キレたりと暴発させてしまいます。そして、怒りをコントロールできず外側へぶつけた自分を未熟だと責め、自己嫌悪します。怒りは外側に対しても、自分の内側に対しても非常に暴力的な形で扱われています。

では、「怒り」はなぜあるのでしょうか？　もし人間に怒りがなかったとしたら、この世界はどうなるでしょうか。怒りがなければ世界は平和になる気がするかもしれませんが、もし私たちに怒りがなければ、この世界に何の変化も起こらなくなるでしょう。怒りは、「〝(内側で強く願っている）あるはず〟のものが（外側の現実に）ない」という体験が起きたときに沸き起こります。

「なんでそれがないんだ！」という〝ない〟世界に立つと、怒りのエネルギーは「なんで○○じゃないの？」「なんで○○し〝ない〟の？」と、〝ない〟ことへの怒りを自分以外の何かにぶつける攻撃的なエネルギーになります。「これが〝あるはずだ〟」という〝ある〟世界に立つと、怒りのエネルギーから自分は〝何があるはずだ〟と強く思っているのかを理解し、それがないことへの責任を他責にして攻撃するのではなく、自分の情熱として、そのあるはずだと自分が願っているものを現実として創造する責任を自分が担うことで、この怒りのエネルギーは望む現実を創造するための情熱に転化できます。

怒りは、身体が熱くなったり、震えてくるような、熱のあるとても強いエネルギーです。感情は内側にあるエネルギーで、命の観点からそれに「いい・悪い」はなく、怒りそれ自体にも「いい・悪い」はありません。怒りを〝ない〟という欠損の世界に立って使うと、攻撃や破壊のエネルギーとして暴力的に使われ、〝あるはず〟という創造の可能性の世界から使えば、現実に変化を起こす情熱の創造的なエネルギーになるだけです。

私たちは、怒りというエネルギーの本質を理解することで、怒りの感情を暴力ではなく、現実創造の情熱とパワーとして使うことができます。

怒りを感じることが人間として未熟なのでは決してありません。怒りの扱い方について知らなかっただけなのです。

ワーク

――「不快感情の扱い方」のワーク――

それでは、ワークシートの残りの行、『悲しみ・憎しみ・嫉妬・嫌悪・不満・さみしさ・不安・混乱』欄のすべてを順に記入してみてください。

「怒り」と同様に、これらの不快感情を観ていきます。

あなたは、それぞれの不快感情を感じたとき、普段どのようにしていますか？　その感情を感じたとき、どのように反応していますか？　それを、『感情に対する自動反応（一般的な扱い方）』欄に記入してください。

その感情はどんな機能を持っているかを考えてみましょう。その感情は何のためにありますか？　その感情を感じるのはどんなとき・どんな体験で、それはあなたに何を伝えてくれていますか？　『意図的に感情を理解する』欄に記入してください。

不快感情のメッセージを理解する

ワークシート『悲しみ・憎しみ・嫉妬・嫌悪・不満・さみしさ・不安・混乱』の行にあなたが書いたことを観てください。

① それぞれの感情を、どのようにして〝ある〟のに〝ない〟ことにしようとしていますか？

② それぞれの感情を理解できたら、自分についてどんなことがわかりますか？

改めて気づいたことをワークシート『気づき』欄に記入してみてください。

振り返りのポイント

私たち人間には、共通の感情があります。それらの感情がすべての人間にあるのは、その感情が人間として必要だからです。感情が私たちに伝えてくれているものを受け取り、理解することで、私たちは外側の世界で何を自分が求めていて何を体験としてつくり出したいのかを知ります。つまり、創造者として生きる上で、感情は欠かせない機能になります。それぞれの感情を味わい、そのメッセージを理解することで、私たちは自分の命の声とつながることができるようになります。そして、その共通の感情を通じて、私たちはお互いの命にあることに共感し、理解し合うことができます。

それでは、それぞれの感情について観ていきましょう。

悲しみ

悲しみは、涙という水が身体機能として働く「泣く」という体験が伴います。私たちの社会ではこの悲しみや涙が出る、つまり泣くという行為は弱さや脆さと結びついています。

特に男性にそれが顕著で、泣くことは弱さの現れとみなされ、男は強くあるべきという自己分離から、「男だったら泣くな」「女々しい」と社会的な圧力がかかりやすくなります。悲しんでいる自分を弱い、情けないと自己卑下し、悲しみをこらえて堪えるべきだといつの間にか思い込んでいたりします。

悲しみは、〝求めている〟ものが〝ない〟、もしくは〝なくなった〟喪失の嘆きです。形としてあったものが目に見えない状態に変化することは、目に見える現象と目に見えない潜象の世界から成り立つこの世界では避けられないことです。

喪失を嘆くとは、〝ない〟、もしくは、〝なくなった〟痛みを感じて受け入れることです。悲しみを感じることは、自分の痛みに共感することです。そして、他者からその痛みに共感してもらうこともできます。自分の痛みを悲しみとして自分で感じたり、誰かに聴いてもらってその悲しみを分かち合うことで、喪失の痛みを受け入れることができるのです。

人間の身体には悲しみを感じることで涙が出るという作用があります。涙は水からできていて、浄化の作用があります。涙でエネルギーを流すことで、私たちは喪失を嘆き、完了することができます。そして、そこから次に向かう器が整うのです。

「今ここにある〝ない〟を受容し、浄化を通して完了させ、次に向かう器が整う」、これが悲しみの作用です。

憎しみ

私たちは憎しみを感じる対象に「思い知らせてやりたい」「痛めつけたい」という衝動を抱きます。その衝動の本質が何なのかという理解がなければ、その衝動を他者への暴力として復讐としてぶつけるか、抑圧して耐えることしかできません。このやり方では、結局憎しみの連鎖が生まれ、なくなることはありません。

憎しみは「自分の中にある痛みをわかってもらいたい」という共感を求める衝動です。人は抱えきれない痛みがあるとき、他者に同じ痛みを味わわせて自分の痛みをわからせたいという衝動に駆られます。

この痛みが共感されない限りは、憎しみはなくなることがありません。その人が抱える痛みが誰かに共感されれば、自分の痛みを他者を傷つけることでわからせようという衝動に操られなくなる可能性が生まれます。人が人を傷つける行為に及んだり暴力的になってしまうのは、それだけの痛みを抱えていて共感を必要としている、という理解がその人自身にないからです。

憎しみを感じる時「自分の中にはどんな痛みがあるのか」を感じてください。そこに、共感されていない痛みがあるはずです。その痛みに自分で気づき、そこに光を当ててください。人に聴いてもらうことも大切なプロセスです。憎しみは慈しみから共感される必要があるエネルギーなのです。

嫉妬

嫉妬があるとき、私たちは「あいつはずるい」「なんであの人ばっかり」などと他人を妬みます。

嫉妬は「あの人は自分より優れている」とか「あの人は自分より愛されている」といった「どうせ自分なんか」という自己卑下をベースにした他者との比較から生まれています。

私たちは他者を通して自分の可能性を感じることができます。「○○さんっていいな」「自分もああなりたい」という憧れ・羨望は、自分の可能性を指し示している大切なエネルギーです。

しかし、自分に対する可能性を感じているのにも関わらず、「どうせ自分なんか」「自分には無理だ」という自己卑下や自分へのあきらめがあると、それが嫉妬となります。自己卑下は自分の思考がつくり出している自分を小さくする思い込み・信念です。

嫉妬があるということは、そこに自分に対する何かしらの可能性を感じている、自分に対する願いがあるということを指し示しているのです。

嫉妬を感じる相手がいるなら、自分がその人のどんなところに嫉妬しているのかを感じて、そこにある自分の可能性や願いにつながってください。自己理解につながれば、嫉妬は自分の可能性として捉え、体験したい自分に向かうエネルギーとして扱えます。

嫌悪

嫌悪している対象を外側に特定すると、私たちはそれを見ないようにする、無視する、距離をおく、接触を断つなどの分離行動をとります。

外側で「これが嫌だ」「この人は嫌いだ」と敬遠しているものは、こんな自分はダメだ、こんな自分は許されない、と自分の内側にあるのにないことにしようとして分離している自分（自己分離）の投影です。

嫌悪を感じたら、外側にある嫌悪の対象を切り離すのではなく、自分がその何を嫌悪しているのかを観てください。嫌悪感には、生理的に受けつけられない、あの人苦手だから、ああはなりたくない、などと分離を正当化する思考も働きます。嫌悪は自分が自分の内側で分離しているものを教えてくれています。私たちは嫌悪感を覚えることで、相手に投影していない自分が分離している自分の部分に気づき、それを理解することによって自己統合につなげることができます。

不満

不満があると、私たちは、その原因となっているものに対して文句を言ったり、批判したりします。

不満とは、自分が内側で求めている何かが、外側の体験において満たされていないということです。自分のなかに満たされていないものがあるから不満が生まれます。それが、外側の何かへの文句や批判になるのは、そのことについて自分にはどうしようもないという無力感が前提にあるからです。自分ではどうしようもないから、そこに変化をもたらせる気がしない、でもその変化を求めるエネルギーは収まらないので、原因と捉えている事象や人について描写し、愚痴や文句でそれを解消しようとします。

不満の裏には願いがあります。それはあくまでも自分の願いであって、不満をぶつける対象となっている人の願いではありません。その願いに責任を持つのは自分です。不満とはコインの裏表の願いであり、その願いについては無力感にとどまるのではなく、自己責任で捉える必要があるのだということが理解できると、愚痴や文句でその大切なエネルギーを浪費せずに済みます。不満を感じるのは、自分にはそれをどうしようもないという無力感の思い込みがあるからで、本当はその裏にある願いに対して情熱から変化をもたらそうとするエネルギーとして使うことができるのです。

不満を感じるなら、その不満の裏にある自分の本当の願いにつながり、その願いに対して自分の力で応えようとする勇気を持つことです。「自分にはどうしようもない」という思考は、自分が過去に無力だった時の痛みから内側に無自覚に抱えている思い込み・信念によるものです。それに自覚的になって囚われなければ、不満は、自分の願いに対して働きかける情熱のエネルギーとして使えるのです。

さみしさ

さみしさを感じると、私たちはそのさみしさを他の人に悟られないように、さみしくないフリをしたり、ひとりで立てこもったりします。また、食べたり飲んだり、何かさみしさを紛らわすようなことをして、刺激でその感覚をごまかします。でも、これではさみしさはなくなりません。

さみしさは、目に見える個体としての分離した意識の中で、つながりを感じられていないときに起こります。どんな風につながりを感じるかは人によって千差万別です。同じ空間にいるだけでつながりを感じるという人もいれば、コミュニケーションや体験を共にすることで、五感を通じてつながりを感じる人もいます。また、つながりを感じる対象は人間よりも、自然の中で感じるという人もいるでしょう。つながりの感覚は人によって異なるため、このつながりに求める感覚のズレが「人とつながれない」という体験になっています。

私たちの自我は切り離されているという分離を前提にしていますが、その意識の奥には、すべてがつながっている命の世界があります。すべてはひとつの命の中でつながっていて、私たちは個としてそのつながりの中で生かされている、という真実があります。

このつながりは目に見えるものではありません。身体の内側の感じる世界で、もともとこのつながりの中に自分があることを感じられる時、私たちは安心し、満たされている状態になります。さみしさを紛らわせても、分離した意識の中ではつながっているという平安にはたどり着きません。さみしさを感じた時は、それをありのままに感じることで、目に見えないけれど確かに存在しているつながりに意識を向ける機会になります。

さみしさを感じることで、私たちは表層的な分離の痛みの奥にある真のつながりの感覚を思い出そうと意識を拡げることができるのです。

不安

私たちは不安になると、「こうしたらどうなるか」といろいろ考えたり、「こうしたらこうなる」「ああしたらこうなる」といった因果シナリオを元に、シミュレーションして安心しようとしますが、これによって不安が解消されることはありません。

不安は、まずは不安があることを受け入れるしかありません。「不安がある」それだけです。不安を解消しようとどうすればよいかをあれこれ考え、その不安から行動すればするほど不安がつのります。不安は「今、自分は不安を感じている」と止まって、不安から駆動しようとしないことが大切です。不安から思考して行動しても、安心できる現実はやってきません。

不安は信頼の欠如から生まれます。私たちは何かがあるから信頼できると思っていますが、何かがあるから信頼できるというのは、何かの保障があるから避けたい出来事は回避

■ 不快感情の扱い方

不快感情	感情に対する自動反応（一般的な扱い方）	意図的に感情を理解する
怒り	ぶつける／暴発させて自己嫌悪、もしくは傷つけることを怖れて抑圧	"あるはずのもの"を現実化するために変化を起こし創造する（情熱に転換させる）
悲しみ	弱さ、情けなさを感じないように堪える	"ない"を受容し、浄化を通して完了させ、次に向かえる器を整える
憎しみ	思い知らせてやりたい、痛めつけたいという衝動の制御	自分の痛みに自覚的になり、感じる。痛みを理解されたい、共感してほしいというニーズに気づく
嫉妬	自分は○○なのにずるい、なんであの人ばっかり、どうせ自分なんか、という自己卑下	自分の可能性、そこにある自分への願いにつながる
嫌悪	分離行動（無視、接触しない、接触を断つ）	相手に投影している自分の分離したパートを統合する
不満	無力感から文句を言う・批判する	裏にある本当の願いと自分の情熱につながる
さみしさ	人にバレないようにする（隔離する）、刺激で紛らわす	感じる世界でつながりを感じる
不安	予測する、シミュレーションして安心しようとする	何を信頼したいのかを思い出す
混乱する	慌てる、焦る、思考を使って過去のパターンに当てはめて安心しようとする	これまでのパターンにはない新しい体験に開き、感じる

できるはずだ、という担保に基づく信用取引であり、信頼ではありません。信頼は、無条件なのです。ただ根拠なく、「自分は大丈夫」と思える。これが信頼です。

不安を感じるときには、深く呼吸をして自分が何を信頼したいのかを思い出してください。絶対的な信頼は「私たちは今ここに生かされているだけ」という命への信頼です。命を信頼することで、起きることもその命の采配だと抵抗を手放し、怖れている体験を避けるために駆り立てられたようになんとかしようとする、というパターンに振り回されなくなります。

混乱

混乱すると、私たちは、どうしたらいいのかわからなくなります。パニックになったり、頭が真っ白になったりします。それでも、思考を使ってなんとかしようと、慌てたり、焦ったりします。

混乱が起こるのは、自分のこれまでの体験や知識の中にある対処法のパターンに当てはめられないことが起きているときです。これが身体の反応となって表れます。思考がやることは、過去の体験の中から解決策を導き出そうとするパターン処理です。ですから、混乱を感じている状況では、思考は正常に働いてくれません。

混乱はこれまでの過去の処理パターンでは対応不能な新しい体験が訪れているサインです。混乱を意識的に受け止めることができれば、これまでのパターンにない新しい体験が起きていることを自覚し、起きている事実をありのまま観て、自分の内側にあることを感じます。混乱したまま行動するのではなく、自分の内側から出現する直観や知恵を受けとること、そこから行動することで、命のガイダンスに従って進む方向性が見いだせる可能性が高まります。

「不快感情を感じた時の問い」のワーク

不快感情	源から生きる感情の扱い方の問い
怒り	
悲しみ	
憎しみ	
嫉妬	
嫌悪	
不満	
さみしさ	
不安	
混乱	

気づき

-
-
-
-

※ワークシートはデータをダウンロードできます。詳しくは 12 ページをご覧ください。

感じ尽くして問いかける

ワーク

――「不快感情を感じた時の問い」のワーク――

不快感情といわれる感情にもさまざまな機能があり、それを意図的に理解すれば、自分の源とつながる命からの大切なメッセージを受けとることができます。

不快感情を扱うコツは、感情を内側でただ感じぬくこと、それを充分感じ切ったら問いを投げてみることとです。

不快感情を感じた時に、命からのメッセージを受けとるために自分に問いかけるとすれば、それぞれの感情ごとに、どんな問いかけができるでしょうか。

不快感情を感じた時の問いの例を参考にして、自分にしっくりくる問いを「不快感情を感じた時の問い」のワークに記入してください。体験と共により効果的な問いが見つかったら、常に更新していくことをおすすめします。

■ 不快感情を感じた時の問いの例

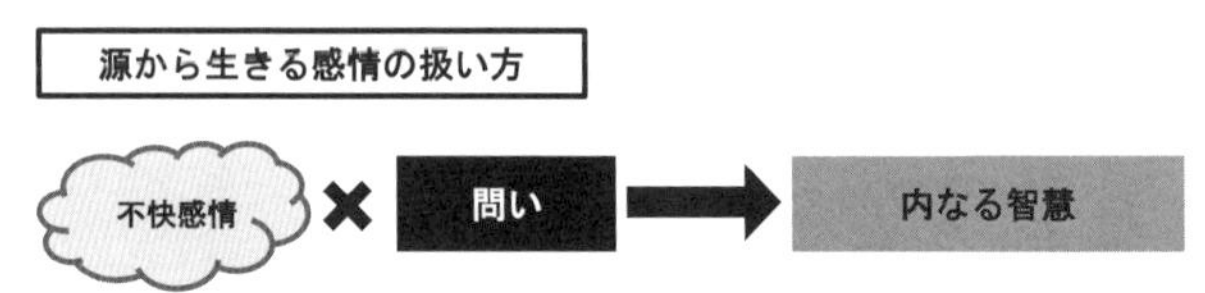

- **怒り**：何があるはずなのにない、と思っているのか？そのあるはずのものを現実に創り出すには何が必要で、何を手放す必要があるか？
- **悲しみ**：何が完了していくのか？　そこに浄化される必要があるエネルギーは何か？
- **憎しみ**：どんな痛みを誰にわかってほしいのか？
- **嫉妬**：自分には本当はどんな可能性があるのか？
- **嫌悪**：そこにある切り捨てたい自分はどんな自分か？
- **不満**：私の願いと情熱は何か？ どんな無力感があるのか？
- **さみしさ**：どんなつながりを思い出したいか？
- **不安**：本当は（自分の）何を信頼したいのか？
- **混乱**：どんな新しいことが始まろうとしているのか？　何に開く必要があるのか？

振り返りのポイント

感情は命にとって大切な機能です。私たちは、どんな感情であっても、それを感じ尽くすことで、源につながる自分の命が何を必要としているのかがわかります。

不快感情を感じ尽くして、そこから「問い」を投げかけることで、自分の命の願いを理解することができます。

命の願いを理解することは、問いに対して思考で答えを考えることでありません。まず、あるがまま身体に意識を向けて感情を感じ尽くす。そこから問いを投げます。そうすると、源からのメッセージが〝わかる〟。この順で感じる知性から感情を扱うことが、源から生きる感情の扱い方です。

■ 感情をメッセージとエネルギーに分解・理解する

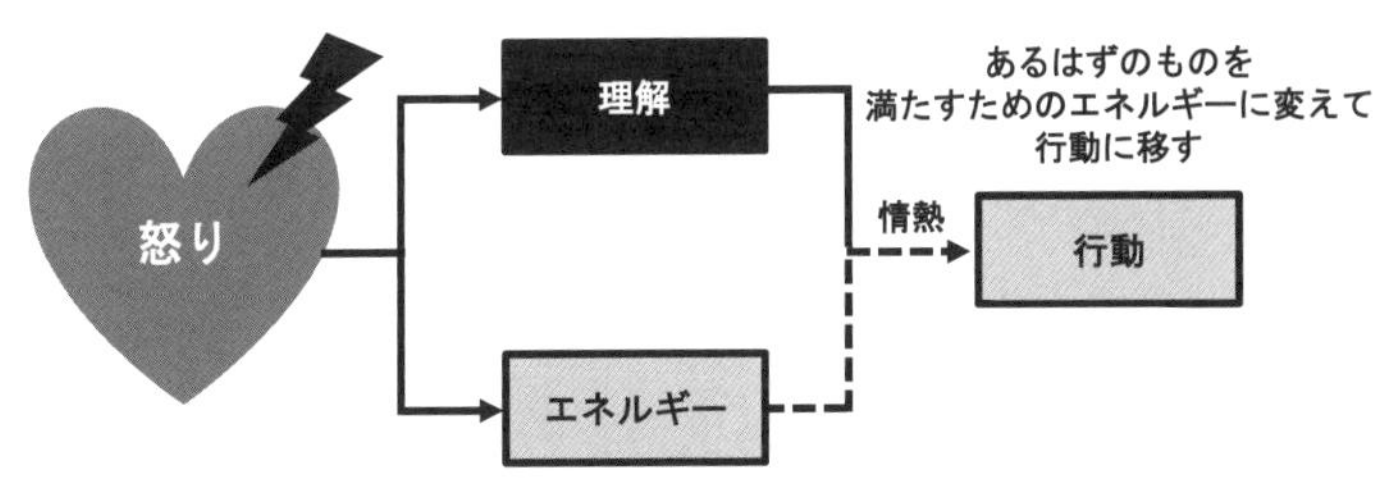

全体の振り返り

このワークを通じて、不快感情を感じて自己理解につなげることを学んできました。

ここまでで気づいたことをワークの『気づき』欄に記入してください。

ワーク全体の内省ポイント

感情は、内なる源から自分へのメッセージです。このメッセージは、潜在意識から顕在意識へのメッセージであり、自分の命を満たすためにあるものです。不快な感情は外側の体験が刺激となって起こるので、外側の不快感の原因となっているものをなんとかしようとすぐ思考が働きます。

しかし、その不快感に反応しているだけでは、自己理解にはつながりません。自分の内側で求めている何かが体験として満たされていないから不快な感情が起きるのです。感情が、自分の中にある命の求めているものを伝えてきているのであれば、それを受けとることができるのは、その感情を体験している自分だけです。自分でその願いを理解し、その願いを外側の体験で満たすことに責任を持つことが、自分の命に応えることです。

感情は、自分の命の衝動から生まれるエネルギーです。それに快・不快で反応するだけではなく、あるがままに感じ尽くし、問いを投げかけることで、感情のエネルギーを通して伝えられたその願いを体験として創造するためのエネルギーとして使うことができます。

命から生じている身体に存在するエネルギーに、あってはいけないものはありません。そこにあるものを感じることで、私たちは何が自分の命に叶っているのかを理解できるのです。そして、その理解を元に、感情のエネルギーを命に叶った体験を創造するエネルギーとして表現することができるのです。

8章のまとめ

● 「感情」は外側の世界に何を求めているのかという内なる源から自分へのメッセージ。

● 感情は自分の命を満たすためにあり、その命に応えるのは自分の責任。

● 感情を感じ、そこにあるメッセージを意識的に受けとることで、自分の命が求めることを理解できる。

● 感情が湧いたときは「快・不快」に反応するのではなく、その感情を感じて自分を理解しようとすることが、自分につながるということ。

● 不快な感情のエネルギーは、自分の命を満たすために必要な変化や新しい現実を外側につくり出すために使うことができる。

ワーク
第2部

9
章

怖れの扱い方

このワークの意図

- 怖れを解体して観ることで、怖れの正体を理解します。
- 何が怖れをつくり出しているのかを理解し、怖れの扱い方を学びます。

「怖れ」とは

自分とそれ以外の世界を分離させて、外側の世界に適合しようとして生きている私たちには、必ず怖れがあります。自分はこの世界に受け入れられなくなるのではないか、という怖れです。人間はつながりがなければ生きてはいけません。この受け入れられなくなるのではないかという怖れは、この人間社会でつながりが脅かされたら生存していけないという死への恐怖につながっています。

死への恐怖は、私たちの生存本能のエンジンとなっている重要な機能です。死への恐怖があるということは、生きるために肉体とその命を守ろうとする本能的な働きが身体には備わっているということです。私たちはこの肉体の生存を守ろうという働きがあるからこそ生きています。危険な目にあうことを避けたり、危険が迫った時に反射的に自分を守ろうとするのは、本能的な死への恐怖があるからです。生存本能は生命を脅かすものに直面したときに、意識を集中させ、自分の生存を守るために必要な行動に駆り立てます。

また、生存を守る機能として肉体の痛みがあります。肉体の痛みは不快であり、その奥で意識的には死に結びついているので、痛みを感じることにも恐怖があります。死や痛みに対する恐怖は、私たちがこの肉体を守って生きるために、生命から湧き上がる衝動のひとつです。

私たちは誰もが幼少期に「あるはずのものがこの世界にはない」という痛みを覚える体験をしています。あるはずのものとは、命として切実にこの世界に求めている愛やつながりを感じることに関係しています。それがこの世界で欠損しているという痛みの体験は、痛みから自分を守ろうとする生存本能によって、その痛みを再び体験することは避けねばならないという思考、つまり「怖れ」となります。

「怖れ」は恐怖と結びつき、肉体の命を守ろうとする生存本能はその痛みの体験を回避することに駆り立てます。人は怖れが立ち上がると、その怖れに突き動かされ、それを避けるためのパターン行動しかとれなくなります。怖れから大量の買い占めが起こるのもこの例です。その行動により怖れが払拭されればいいのですが、現実はどんなにそれに駆り立てられて行動しても、怖れ自体は決してなくなりません。そしてこのサイクルはほとんどの場合、無自覚に駆動しているのです。

「怖れ」はこの肉体を持って生きている限りはなくなりはしません。怖れの本質を理解できていないと、無自覚に怖れに駆り立てられ、痛みを避けることだけを衝動的に求める行動しかとれなくなります。

怖れとは何なのか、私たちは怖れをどう扱えるのかを観ていきましょう。

怖れは、非常に抽象度が高い、思い込みが連鎖しているロジックからできています。ここでは怖れを具体化し、思考の連鎖を解体し、怖れがつくり出しているロジックを明らかにして、その奥にある痛みを観にいきます。怖れはその正体が可視化され、明らかになることで、そこから突き動かされるエンジンとなっている脅迫観念をゆるめていくことができるのです。

9-1

「怖れを解体する」ワーク

❶ 今、自分の中にどんな怖れがありますか?

例)お金がなくなって生活できなくなる

❷ ・それは過去どこで起きましたか?

例)起きていないが、
親がいつも心配していた

・それは今起きていますか?

例)今はまだ起きていない

・未来のどこで起きそうですか?

例)一年後くらい

❸ ❶が実際に現実として起こる可能性は何%ですか? ＿＿＿%

❹ ❶が起きると、次に何がやってきますか? そしてそれが起きる確率は何%くらいですか?

①が起きると… ＿＿＿＿＿＿ それが起きる確率は ＿＿＿%
そのあと、起きることは… ＿＿＿＿＿＿ それが起きる確率は ＿＿＿%
そうなると、次はこうなる… ＿＿＿＿＿＿ それが起きる確率は ＿＿＿%
そして最終的には ＿＿＿＿＿＿ それが起きる確率は ＿＿＿%

❺ ❶が起こる可能性は、改めて何%ですか? ＿＿＿%

❻ 現実は「何もなすすべなく、ただ起きてしまう」のではなく、「すべて自分でつくり出せる」という観点に立った時に、❹に書いたことはそれぞれ何%くらいの確率で起きますか?

%
%
%
%

❼ ❹に起きるだろうと書いたことに自分は影響できると思えますか? はい・いいえ

❽「いいえ」→ そこに何がありますか? 「はい」→ どんな選択ができますか?

❾ 改めて❶の自分の怖れを観てみると、今、何がありますか?

気づき

•
•
•
•

※ワークシートはデータをダウンロードできます。詳しくは12ページをご覧ください。

ワーク

「怖れを解体する」ワーク

それでは、ワークに入っていきましょう。

まずは、あなたが何を怖れているのかを観ていきます。

「怖れを解体する」ワークの『❶今、自分の中にどんな怖れがありますか？』欄を222ページの例にならって記入してください。

本当には何を怖れているのか？

『❶今、自分の中にどんな怖れがありますか』に、あなたが書いたことを観てください。

内省のための問い

① その何が怖いと思っていますか?

② 何が怖いのかは漠然としていませんか? それはなぜでしょうか?

改めて気づいたことをワークシート『気づき』欄に記入してみてください。

振り返りのポイント

私たちは怖れを客観的に観ることに慣れていません。自分に怖れがあるということも怖れているため、それがあると感じることすら無自覚に避けているからです。怖がっている、怖れているということは弱くて情けない、恥ずかしいことだと思っている人も少なくありません。

怖れは私たち人間に必ずあるものです。あってはいけないものではありません。怖れについて理解していないから怖れを怖れているだけです。怖れがあるのにないことにする、抑圧すると怖れは無意識に潜り、結果的に無自覚なまま怖れから行動していても、それに気づけません。怖れは、それに触れようとしないことで継続、延命します。怖れが怖れのまま存在し続けられるのは、怖れを「あいまい」なままにしておくからです。

まずは、自分にある怖れをありのままに観てください。

私たちの怖れは、通常、抽象度がとても高い言葉の思考として存在しています。そもそも触れたくないので、具体的に何が怖ろしいのか、ということを突き詰めて考えたりはしません。そのために、「なんとなくそういうことが起こるんじゃないか」という漠然とした思考の中に、怖れは常に存在しているのです。

例を観てみましょう。

「自分から人が離れていくのが怖い」

これが怖れの例です。

「人が離れていく」とは、具体的には何が起きることで、どんな状態なのでしょうか。おそらく物理的につながりを感じられている人との関係性が変化して、一緒にいると思っている人が自分の側からいなくなるという体験が起こるという予測をしている、ということではないでしょうか。

「自分にとって〝人が離れる〟とは具体的にどういうことか？　現実として何がどんなふうに起きることなのか？」

と具体的に考えることで「あいまいさ」が少なくなってきます。具体的にそれをイメージしてみると、そんなことは現実としてなかなか起きそうにないな、と思うこともあるかもしれませんし、それが現実としてあり得るのかを、冷静に捉えて検証することができます。

自分の書いた怖れをより深く観るために、「その何が怖いのか?」を自分に問いかけてみてください。この問いによって自分が本当には何を怖れているのかが明確になります。もともと自分が書いていたものは表面的な怖れに過ぎず、より深い怖れが明確になって「自分はこれを怖れていたんだ」と深いレベルでわかることで、もやもや感がなくなるかもしれません。

怖れに問いを投げ、「いい・悪い」の判断なく具体化・明確化していくことが、怖れを扱う第一歩です。怖れは抽象的で漠然としている思考のままで延命しているので、その実態を紐解いて明らかにすることで、怖れの持つ力が弱まります。自分で観ることもそうですが、その実体を明らかにすることで怖れ自体の影響力は弱まります。

自分の怖れがわからないときは、自分が駆り立てられてやらざるを得ない行動から観ることもできます。やりたいわけではないのに、なぜかやり続けてしまう行動や、「べき論」や正しさでやっている行動の大元には怖れが働いています。

例えば、

「人に頼まれたら、なんでも引き受けてしまう」ことを、やりたくもないのになぜかやり続けているとします。

「引き受けないと何が起きてしまうと思っているのか?」

「引き受けることで何を避けられているのか？」

「断るのがイヤ／断れないのは、だって何だから？」

などと何度も問いかけてみます。

「自分が役に立たないと思われる」

「役に立たなければ存在価値がない」

「人の要求に応えないと人は離れていってしまう」

「人が離れていったら一人で惨めになる」

こんな感じでそれまで無自覚だった自分の怖れのロジックが観えてきます。


まずは、自分の怖れをあるがままに観てみてください。

ワーク

──「怖れを解体する」ワーク──

「怖れを解体する」ワークの『❶今、自分の中にどんな怖れがありますか？』欄の振り返りで観えてきた怖れをもとに、『❷それは過去どこで起きましたか？　それは今どこで起きていますか？　未来のどこで起きそうですか？』欄を222ページの例にならって記入します。

怖れとは、痛みの再生のシミュレーション

「怖れを解体する」ワークの『❷それは過去のどこで起きましたか？　それは今起きていますか？　未来のどこで起きそうですか？』欄にあなたが書いたことを観てください。

内省のための問い

① 過去を振り返ると、今、自分が怖れていることのきっかけになっている体験として何か心当たりはありませんか？

② 今、その怖れていることは現実に起きていますか？

③ 漠然と未来のどこかでそれが起きる可能性があると、なんとなく思い込んでいませんか？

改めて気づいたことをワークシート『気づき』欄に記入してみてください。

振り返りのポイント

怖れを生じさせている源には、必ず過去の何かしらの痛みの体験があります。その痛みが再び体験として自分の感覚に蘇る可能性を怖れています。

怖れは痛みとセットになっています。過去に感じた痛みや不快感を二度と再現させたくないので、それを回避するために思考によって「怖れ」というあいまいな形にして、できるだけそれに近づかないようにしている生存本能の働きです。

二度と起きないようになんとか避けようとしているので、怖れていることは現実としては今は起こっていません。人間は現実に起きてしまったことは引き受けて対処するしかありません。起きたことは起きたこととして向き合うしかないので、怖れていたことがもし現実に起きたら、もはやそれは怖れではなく、現実的にそれに対処することになります。

怖れは、今の現実に起きていないからこそ、「どこかで起きるんじゃないか」という漠然とした可能性を思考として保ち続け、自分の中でずっと抱え続けます。

そんな体験は決して起きてはいけないと怖れているから、常に未来のどこかに「起きてしまいそうだ、起きてしまうかも」と考え、なんとか起きないようにと思考を巡らせ、考えつく対処策をうちますが、何をしても怖れ自体がそれで解消することはありません。

過去の痛みを再生する体験を人生から排除しようと、今は起きていないことを、この先に起こるのではないかと思考で予測・シミュレーションし、無自覚に日々の行動がそれにドライブされている。

これが怖れの力です。

どんな体験も起きていい、と思っていたら、怖れに支配されることはないのです。

怖れは感情ではなく、痛みの回避をエンジンとした思考がつくり出した概念です。

ワーク ——「怖れを解体する」ワーク——

ワークシートの『❶ 今、自分の中にどんな怖れがありますか?』欄の振り返りで観えた怖れをもとに、

『❸ ❶が実際に現実として起こる可能性は何%ですか?』

『❹ ❶が起きると、何がやってきますか? そしてそれが起きる確率は何%くらいです

か？』

『❺❶が起きる可能性は、改めて何％ですか？』を222ページの例にならって記入します。

❹は❶が起きた時に次に何が起こるのか、それが起きたら次に何が起きるかを「Aが起きる→そしたらBが起きる→……」というように連続して書いていってください。そして、そのAが起きる可能性が何％か、Bが起きる可能性が何％か、……、その一つひとつが起きる可能性を記入していってください。主観的に自分の感覚で何％くらい、で大丈夫です。

そして、それをやった後に、改めて❶に書いた怖れていることが起きる可能性は何％だと思うかを、❺に記入してください。

怖れは思い込みのロジック

「怖れを解体する」ワークの『❸❶が実際に現実として起こる可能性は何％ですか？』『❹❶が起きると、次に何がやってきますか？　そしてそれが起きる確率は何％くらいですか？』に自分が書いたことを観てください。

内省のための問い

① あなたの怖れには、「風が吹けば桶屋が儲かる」的な因果関係が連鎖したシナリオがあるはずです。どんなシナリオがありますか？

② そのシナリオを書き出して眺めてみると、どんな感じがしますか？　怖れの感覚はどうなりますか？

③ そのシナリオを検証したことはありますか？　それは本当に現実に起こりえますか？

改めて気づいたことをワークシート『気づき』欄に記入してみてください。

振り返りのポイント

まずは『❸ ❶が実際に現実として起こる可能性は何％ですか？』に書いた可能性を観てみましょう。

自分が怖れていることは常に起こりうると思い込んでいるので、実際に現実として起こる可能性はゼロにはなりません。この%の数字が大きい、小さいには意味がありません。ゼロでない限りは起こりうる。それだけです。でも、こうして実際の数字にしてみることが、怖れをあいまいなままにせず、そこに何があるのかを感覚的に明らかにしていくことにつながります。

次に『❹❶が起きると、何がやってきますか？　そしてそれが起きる確率は何%ですか？』を観てみましょう。

怖れには、「○○が起きると、次に…が起きる」といったシナリオがあります。

そして、その怖れのシナリオをたどっていくと、ほとんど例外なく最後は「つながりの断絶」から「死」に至ります。これは人間の怖れの根源は、肉体が自分だと認識する自我の死滅、つまり「死ぬこと」だからです。怖れというのは、その怖れていることを実際に体験するとそれは怖れではなくなります。死は肉体を持つ人間が生きている間は基本的には体験できないため、死は誰にとっても怖れとして存在し続けるのです。

このシナリオは、あいまいなままにしておくと、つねに人生に起きてはいけないという抵抗、そして起こりうる怖れとして無自覚に作動しています。❹はこのシナリオにある因果関係のロジックを検証するプロセスです。

怖れのシナリオは自分の内側にいつの間にか無自覚にあり、顕在意識ではその実体は明らかにされることがないため、そのシナリオにある因果関係のロジックは検証されたことがありません。人はそのロジックも検証したことのないシナリオを、無自覚に真に受け、それに使われて日々を生きていることを知りません。

❹で怖れのシナリオを書き出してみて何を感じるでしょうか。

多くの場合は、このシナリオには「風が吹けば桶屋が儲かる」のようなロジックの飛躍や破綻があります。私たちは、そもそも起こりようもない破綻したロジックに基づくシナリオを真に受け、怖れているのです。そのことに気づくと、怖れのシナリオは重くて深刻なドラマから、笑えるコメディのように感じることができます。

自分でその怖れを無自覚に真に受けていると、怖れのシナリオに基づいて現実を捉え、そのシナリオの証拠を情報収集し、怖れを増幅します。現実に起きている、本当は因果関係がない現実も、自分の怖れのシナリオに当てはめて、自分の中ではもっともらしい理由をつけて、自作自演のドラマで怖れは強化されるのです。

怖れは、具体化・明確化し、そのシナリオを検証することで、それを真に受ける深刻さがゆるみます。怖れを書き出してシナリオを自分で声を出して読み上げてみる、誰かに話してみる、というように頭の中に思考として置いておくのではなく、リアルな感覚を使って捉え直すことによって、怖れは自分を自動的にコントロールする力を失っていきます。

ワーク

「怖れを解体する」ワーク

ワークシートの『❹❶が起きると、次に何がやってきますか？ そしてそれが起きる確率は何％くらいですか？』欄に書いた、怖れのシナリオを改めて観てください。

『❻現実は「起きてしまう」のではなく、「すべて自分でつくり出せる」という観点に立った時に、❹はそれぞれ何％の確率で起きますか？』欄に、❹の怖れのシナリオを書き写し、現実は「自分はそれに無力なまま、ただ起きてしまう」のではなく、何が現実で起きたとしても「そこで自分にはできることがある」という観点から、❹のシナリオを観て、その一つひとつが起きる可能性を改めて記入していってください。

怖れのシナリオの自分は、なすすべのない無力な自分

ここでは❹のシナリオを改めて観てみます。

❹のシナリオで起きると思っている事象は、「〇〇になってしまう」「〇〇される」といっ

た、自分にはそれが起こる事に対して何も成すすべがなく、自分にはどうしようもできないという立場からつくられています。つまり、自分は無力で現実に対して何も影響できないという立場です。

それは本当でしょうか？　実際には、私たちは、何が起こったとしても、その現実に対して何かしら働きかけることができます。怖れのシナリオには、「自分は無力で現実に対して何もできやしない」という無自覚な前提が潜んでいます。

大人になって様々な能力を持つ私たちには、起きた事に対して何かしらの行動を起こし、そこに望む状態をつくり出そうとする力があります。何があったとしても、決して無力ではありません。自分がどこに立つのかは、自分で選べるのです。

「すべて自分でつくり出せる」

ここから、❹の怖れのシナリオを観ると、どう観えるでしょうか？　❹のシナリオの事象一つひとつを、すべて自分でそこに何か違う現実をつくり出せるかもしれない、という可能性から観ると、それが起こる可能性はどうなるでしょうか？

この立場から事象を観るには、「◯◯になってしまう」を「自分が何も抵抗せずに◯◯となる状態を選んでいる」、「◯◯される」を「自分が◯◯されることを甘んじて受け入れている」という表現に変えることです。

例を見てみましょう。

「人から見放されて、仕事がなくなる可能性は？」

をすべて自分でつくり出せるという立場から置き換えると
「自分が人に見放させて（人に助けを求めない、など自分を見放させるようなことをあえてして）、起きる事に何も抵抗せず（仕事をつくり出そうとすることはせず）、仕事がないという体験をあえて選んでいる、という観点にたつと、それが起こる可能性は何%？」
といった表現になります。

❹のシナリオに対して、それは本当なのか？ という問いを持ち、そして「自分でこのシナリオをどんな時も本当はつくり変えることができる」という観点からみると、❹で書いた確率が変わる可能性があります。

ただし、確率を変えること自体が目的ではありません。自分が意識的にその事象に関わることで、起きる事象が変わるかもしれないという感覚を手繰り寄せることが目的です。起きてしまうと思っていたことを、自分がその起こる事に対して何かできるというところから観ると、それが起きることに対して抱いている感覚が変わります。なぜならば、私たちは常に現実に働きかける力を持っている。それが真実だからです。

怖れは、自分は無力で起きることについて成すすべはない、という世界観で構築されています。たとえ世界中の人が「お前は○○だ」と言ったとしても、自分自身が「はい、わたしは○○です」と、それに同意しない限りは、「自分は○○だ」という体験にはなりません。自分が何者かであるのは、外側の世界で規定されるものではなく、自分で選べる。そして、その自分の内面こそが外側の現実をつくり出しているという捉え方で、このワークを行ってみましょう。

ワーク

――「怖れを解体する」ワーク――

現実は「起きてしまう」のではなく、「すべて自分でつくり出せる」という観点に立って、❹の怖れのシナリオを観て、『❹に起きるだろうと書いたことに自分は影響できると思えますか？』の、はい・いいえを❼で選択し、

『❽「いいえ」↓そこに何がありますか？　「はい」↓どんな選択ができますか？』を記入してください。

❼が「いいえ」の場合、何があるから❹の怖れのシナリオ以外は起こり得ないと思うのか、何があるから、そのシナリオを受け入れざるを得ないと思っているのかを観てください。

現実は自分でつくり出せる

❼の『❹に起きるだろうと書いたことに自分は影響できると思えますか?』欄と、❽『そこに何がありますか? どんな選択ができますか?』欄に、あなたが書いたことを観てください。

① あなたの怖れのシナリオの中に、無力感が漂っているのを感じ取れますか?

② 「現実は自分で変えられる」「すべて自分で選択できる」というところから、そのシナリオを観ると、どんな感じがしますか?

改めて気づいたことをワークシート『気づき』欄に記入してみてください。

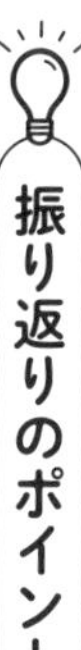

現実は自分でつくり出せるという真実に立つと、怖れのシナリオは〝無力なまま起きる

ことに成す術なく受け入れざるを得ないもの〟ではなくなります。自分でそれとは違う現実をつくり出せる可能性は、本当は常にあるからです。

怖れていることが本当に現実に起きたら、私たちはそれを受け入れるしかありません。でも、成す術はない怖れのシナリオを真に受けて無力感に浸るのか、可能性を信じて自分から働きかけるのかは、実際には選ぶことができます。怖れていることが現実に起きたら、それを引き受けるだけ、これが真実です。怖れとセットになっている痛みも、それがやってきたら感じるだけなのです。怖れも痛みも体験としてあってもいい、怖れていることが本当に起きたときは、それを引き受けられると自分の命を信頼できると、怖れに駆り立てられて今を生きることがなくなります。

もし、❹の怖れのシナリオ以外は起こりえない、そのシナリオを受け入れざるをえないと思うのであれば、そこに何があるのかを観てください。私たちが自分で選択できないと無力感を感じるとき、そこには痛みがあります。「選択できないのは、だって何だから」なのかを観てください。もし、そこに怖れがあるのであれば、それを❶にしてワーク全体をもう一度やってみてください。

「怖れを解体する」ワークの『❶ 今、自分の中にどんな怖れがありますか』欄に、あなたが書いたことを改めて観てください。

その上で、『❾ 改めて❶の自分の怖れを観てみると、今、何がありますか？』欄を記入してください。

起きることが起きるという受容

『❾ 改めて❶の自分の怖れを観てみると、今、何がありますか？』欄に、自分が書いたことを観てみます。

内省のための問い

① 怖れのシナリオを解体すると、怖れの感覚に何か変化が起きましたか？

② 怖れを本質的に理解してみると、怖れについてどう感じますか？

改めて気づいたことをワークの『気づき』欄に記入してみてください。

❶に自分の怖れを書いたときは、それは決して起きてはいけないことになっていたと思います。❶の怖れが今どうみえるのかを感じてください。

「起きてはいけないこと」が起こってもいい、「あってはいけない自分」があってもいい、としたら、自分はどうあれるのか、を改めて観てみましょう。これまでは無自覚な怖れに駆り立てられて強迫観念から行動するしかなかったことが、自分の奥にある怖れの理解、そこに感じられる自分の痛みを理解することで、はじめて他の選択肢や可能性を見出すことができます。

全体の振り返り

このワークを通じて、「怖れ」を解体し、怖れの扱い方を学んできました。「怖れ」について、あなたが気づいたことをワークシート『気づき』欄に記入してみてください。

ワーク全体の内省ポイント

怖れとは、無力感に起因する痛みを避けるために思考がつくりだした概念です。概念なので、漠然とそれは怖ろしいに違いない、と決めつけています。これはお化け屋敷にいるお化けに似ています。実際の正体はわからないけれど、怖いに違いないと思っているので、暗いところにお化けが出てくることを想像すると怖いのです。

しかし、お化けをお化け屋敷から引っ張り出してきたらどうでしょう。お日様の下でお化けをみたら、なんだ人間が衣装を着てお化粧しているだけだ、と笑えるかもしれません。

怖れの実態はこれに似ています。怖れを暗いお化け屋敷から出してみましょう。その正体を明るみに出すことで、怖れに対する深刻さが薄れて、なんだか笑えてきたら、怖れを持ったまま、でも怖れに自分を使われずにいることができます。

怖れがない人間はいません。生きている間は人は一番避けたい死を体験できないので、おそらく怖れを完全になくすことも不可能ですし、なくす必要もありません。

しかし、怖れは痛みを避けるために思考がつくり出した抽象概念であることや、怖れを解体してその正体を観るとその力は弱くなること、それが現実に起きたときは人間は対応する力を持ち得ることを理解すると、怖れに闇雲に駆り立てられるようなことはなくなります。

怖れていることを、なんとかそれが現実に起きないようにと考えたり行動したりして使っているエネルギーは、「現実に起きてもいないこと、起きるかどうかすらわからないこと」を避けようと消費しているエネルギーです。そこには莫大なエネルギーが割かれています。怖れに注入されているこのエネルギーが解放されたら、それをすべて自分が望む現実の創造に向けることもできるのです。

9章のまとめ

- 怖れは現実に起きていない、思考の予測・シミュレーションにすぎない。
- 怖れは、破綻したロジックに基づく死に向かうシナリオでできている。
- 怖れのシナリオは、「自分は無力で現実に対して成す術はない」という無自覚な前提に基づいている。
- 怖れは、抽象的な概念として維持されている。だから、何が起こると思っているのかを具体的に解体して検証していくと、力を失っていく。
- 怖れを怖れずにあるがまま観れるようになると、怖れに操られなくなる。

「罪悪感と恥」のワーク

❶ どんな時に申し訳ないと思いますか?

例）期待に応えられない時

❷ その何がダメですか?「だって◯◯だから」の◯◯に入る言葉を入れてください。（繰り返してきく）

例）期待に応えられないのはダメ。だって人をがっかりさせるから。
→人をがっかりさせるのはダメ。だって価値がない人だと思われるから。
→価値がないのはダメ。だって…

❸ それは本当ですか?（❶❷で書いた◯◯はダメ、を一つひとつを観てみてください）

❹ 小さい頃に恥ずかしかったことは何ですか?

例）授業中に手をあげて答えたらみんなに笑われた

❺ 今、どんなことやどんな時に恥ずかしいと思っていますか?

例）大勢の人の前で話をしないといけない時

気づき

-
-
-
-

※ワークシートはデータをダウンロードできます。詳しくは 12 ページをご覧ください。

COLUMN

「罪悪感」と「恥」

「罪悪感と恥」のワークのワークシートを246ページの例にならって記入してから次を読んでください。

怖れから派生する概念に「罪悪感」と「恥」があります。罪悪感とは罪の意識です。罪悪感の奥には相手を不快にしたことや傷つけたこと、責任を果たせなかった、応えられなかったなど、それに対する「申し訳なさ」という自分を責める罪の意識があります。

私たちの社会では、誰かの痛みや不快感の原因となった行為を責め、その行為をとった人を咎め、裁きます。人は責められ、咎められると、そこに必ず痛みが生まれます。その体験は自分の言動が人に不快感をもたらすのではないか、という怖れとなり、人を不快にすると人とのつながりや集団における自分の居場所は脅かされる、と思い込みます。不快感や痛みは、本当はそれを感じている当事者にしか責任をとれません。しかし私たちは、その体験の原因となる行為をした相手に、反省や罪悪感として罪の意識を抱かせて責任をとらせようとします。罪の意識を抱かせれば、人はその行為を申し訳ないと反省し、改心するだろう、行動を改めるだろう、という期待があります。

しかし、このやり方は本当には機能しているのでしょうか？「自分のせいだ」「自分が悪い」という罪の意識を持つと、人間は自己否定、自己嫌悪、自己卑下によって自己尊厳はなくなり、自分の価値を貶めてしまいます。自分自身にさらに制裁を加え、自分の存在そのものに対する罪の意識が強化され、裁かれ咎められた痛みは誰にも共感されることはありません。

人間は罪悪感を起点としたときに、「償い」という形でいくらやってもゆるされることのない奉仕を続けなければなりません。もともと人に痛みを与えるという行為は、その人の中の抱えきれない痛みと、それをわかってもらいたいという無意識の衝動からつくり出されます。しかし、それによって自分の中にある「痛み」は、理解されるどころか無視されたまま裁かれ、さらなる痛みと罪悪感によって自分を貶めていくしかありません。罪悪感を刷り込んで人を支配するのは容易いことかもしれません。しかし、罪悪感による支配は、その人の行動を要求に従うように変えられるかもしれませんが、その人の中にある共感されない痛みは癒えるどころかより強い痛みとして残ります。

人間の行為を正しさから裁くのは簡単ですが、どう見えたとしても、人はその人の命にとって必要な行動をしています。それが自己理解の欠損から暴力的な行為になってしまうこともあります。その行動がどんなに他者を不快にするものであったとしても、その人の内側を理解できれば、そうせざるを得ない命としての合理性をそこに見ることができます。

人は抱えた痛みが共感されないと、その共感されない痛みをひとりでは抱えきれなくなり、この痛みをわかってもらいたい、という無自覚な衝動が生まれ、他者に同じ痛みを与えるような行動に駆り立てられてしまうことがあります。罪悪感を使って裁き咎めても、人は自責の念や反省から自分の痛みを癒せたり、自分に対する尊厳を回復することはできません。内側にある痛みに共感し、その人がなぜそうせざるを得ないのかを理解していくことが、本質的な望ましい変化につながります。罪悪感は自己否定・自己嫌悪・自己卑下を生みますが、自己愛につながることは決してないのです。

恥は、複数の人の目に晒される怖れです。周りに白い目で見られる、と表現されるような体験を通して、自分の存在そのものを卑下されるような感覚が恥の意識になります。

恥の意識を持つには、他者からの視線とともに何か見下されたり、侮辱されたり、バカにされたりといった何かしらの体験があるはずです。恥の意識は、その体験によって自分の内側に生まれた他者の目によって生み出されています。恥の意識は無自覚に自分の頭の中にある「人からの目」がつくり出しています。それは誰の目でもなく漠然と周囲から自分に向けられていると思い込んでいる分離した意識の産物です。

恥ずかしいと思っていること自体が恥ずかしい、という意識も伴い、恥の意識は隠され、怖れと同じく検証されることもありません。この結果、漠然と人の目に晒されたら自分は恥ずかしい存在だという感覚が内側に保持されます。

私たちが感情を抑圧することも、恥の意識が関係しています。感情をさらけ出すのは恥ずかしいことだ、という思い込みによって、私たちは感情を人の目に触れないように隠し、

■「怖れ」「罪悪感」「恥」による尊厳の欠如

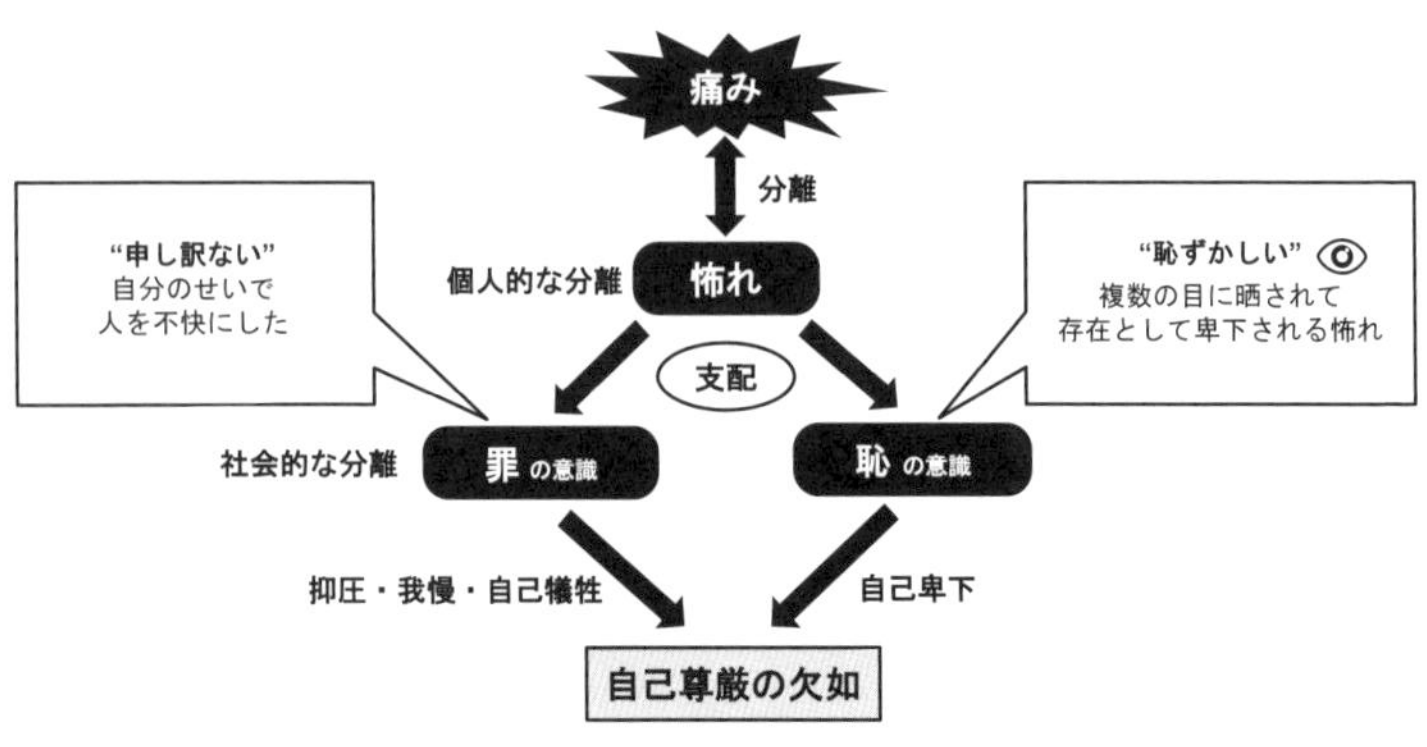

抑圧しています。

この恥の意識も、「お前は自分が恥ずかしくないのか！」といったセリフで支配に使われたりします。この恥の意識による支配は、何か恥ずかしいものが自分の中にある、自分は恥ずかしい存在なのだ、と自己尊厳を脅かすことで成り立っています。自分のことを「恥ずかしい存在」として生きることは、自分が存在する上で自分に対する尊厳がもてないということです。自分への尊厳なくして、自分を愛することも、幸せに生きることもできません。

怖れに基づく罪悪感と恥。どちらも自己否定・自己嫌悪・自己卑下を生み出す、自己愛の対局にある悲しい世界をもたらします。この概念に支配されている限りは「あるものがただある」という自己愛と、自分の存在に対する安心は生まれません。人は罪の意識、恥の意識から自由になり、自己愛を取り戻す必要があります。

ワーク

第3部

10章

男性性と女性性の原理

このワークの意図

- 男性性・女性性という生命エネルギーの原理に意識的になります。
- 日常の行動を「**どこから**それをやっているのか」という観点から捉えてみます。
- 体験は、何をしているかではなく、どこから行動しているのか、という起点がつくり出していることに気づきます。

生命原理としての男性性と女性性

私たち人間は、生命が宿る肉体として存在しています。人間は、誰もがすべてがつながっている生命の網目の中で、エネルギーを吸収し、エネルギーを与えるというすべての生命に共通する原理の中で生きています。呼吸で例えるなら、「吸う」ことがエネルギーを器である自分の身体に入れることで、「吐く」ことはエネルギーを身体の内側から外側に出すということです。ずっと吸い続けることはできませんし、吸うことなく吐いてばかりいても苦しくなります。呼吸は、吸うと吐くの組み合わせでエネルギーを循環させています。エネルギーを入れて、エネルギーを出すという2つのバランスが、エネルギーの循環の中で生かされている生命の原理です。

この生命のエネルギーを内側で受け取り、それを感じる命の働きを、『女性性』のエネルギーと捉え、エネルギーを内側から外側に出し、表現する命の働きを、『男性性』のエネルギーと呼びます。この男性性、女性性のエネルギーは英語でpowerとloveという言葉で表現されることもありますが、これは男性と女性という性別の違いの話ではなく、この

■ 生命としての女性性と男性性のエネルギー循環

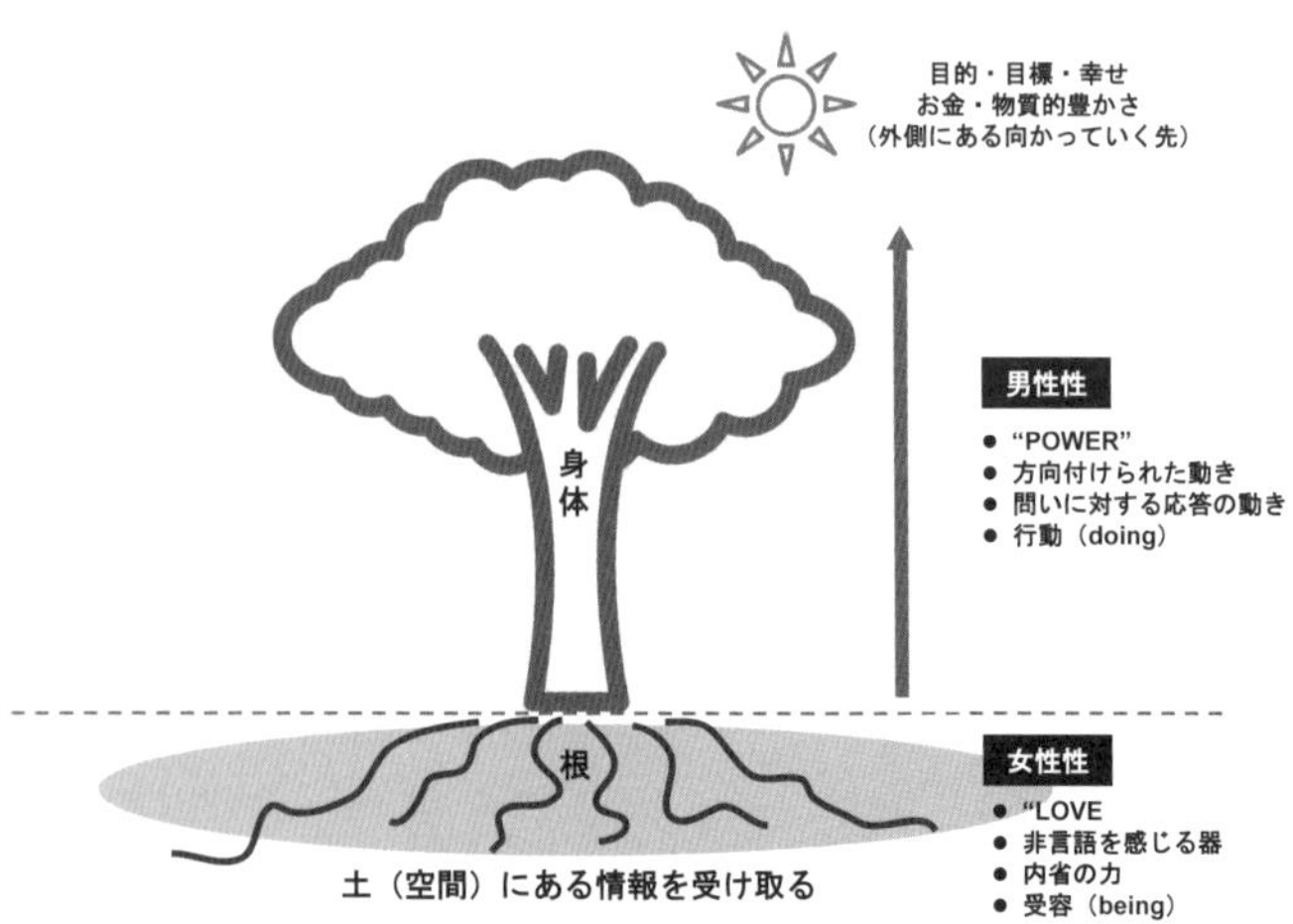

両方のエネルギーがすべての生命体、もちろん一人の人間の中でもバランスを保ちながら働いています。

この女性性と男性性のエネルギーを、木のメタファーを使ってイメージしてみましょう。

太陽に向かって伸びゆく木の幹、枝、葉など、地上で拡張している形あるものが男性性の働きの現れです。光を求めて伸びていく力、一定のベクトルに向けて発揮される成長、拡大のエネルギーです。この三次元の世界で何かを形として現象化させていくエネルギーが男性性に象徴されるものです。

それに対して、地下の土の中の根の働きに相当するのが女性性です。外からは見えない土の中で広く根を張り、土壌というすべてにつながる空間から、他の木々の根と交信しながら神経細胞のように働き、一本の木として命を全うするためのエネルギー・情報を土壌の中で吸収し、受け取っています。

人間にとって『女性性』のエネルギーは、身体の内側の目に見えないつながりの空間から感じ取れるものです。命を保ち全うするための情報を、非言語の情報を感じる器である身体の内側にあるものを感じ取ることで、内的空間を通して受け取る内省の力です。女性性は行為や行動ではなく、状態にあります。Being（在ること）、受容（容器である器に受け入れている状態）がエネルギーとしての女性性の現れです。

『男性性』は、方向付けられたベクトルに向かって発揮される動きを伴う力です。外側にある目的や目標に応答する働きで、この三次元の空間に現実を形作る力として働いています。行動・表現・Power・Doing（成す）・動的というキーワードが男性性のエネルギーの特性です。

ちなみに性別としての男性を表す記号である♂と女性を表す♀をみてみると、男性は器である○から矢印が伸びている行動や情熱を表す火星のシンボル、女性は○の下に十字がある愛の惑星ともいわれる金星のシンボルとなっているのも、男性性と女性性それぞれのエネルギーの特性を感じ取れて興味深いところです。

これまで、この社会や私たちの生き方は、何か常に行動をして何かを成すために向かっていく男性性過多ともいえる状況にありました。外側から求められる目標に向かってそれ

■ 女性性のLoveと男性性のPower

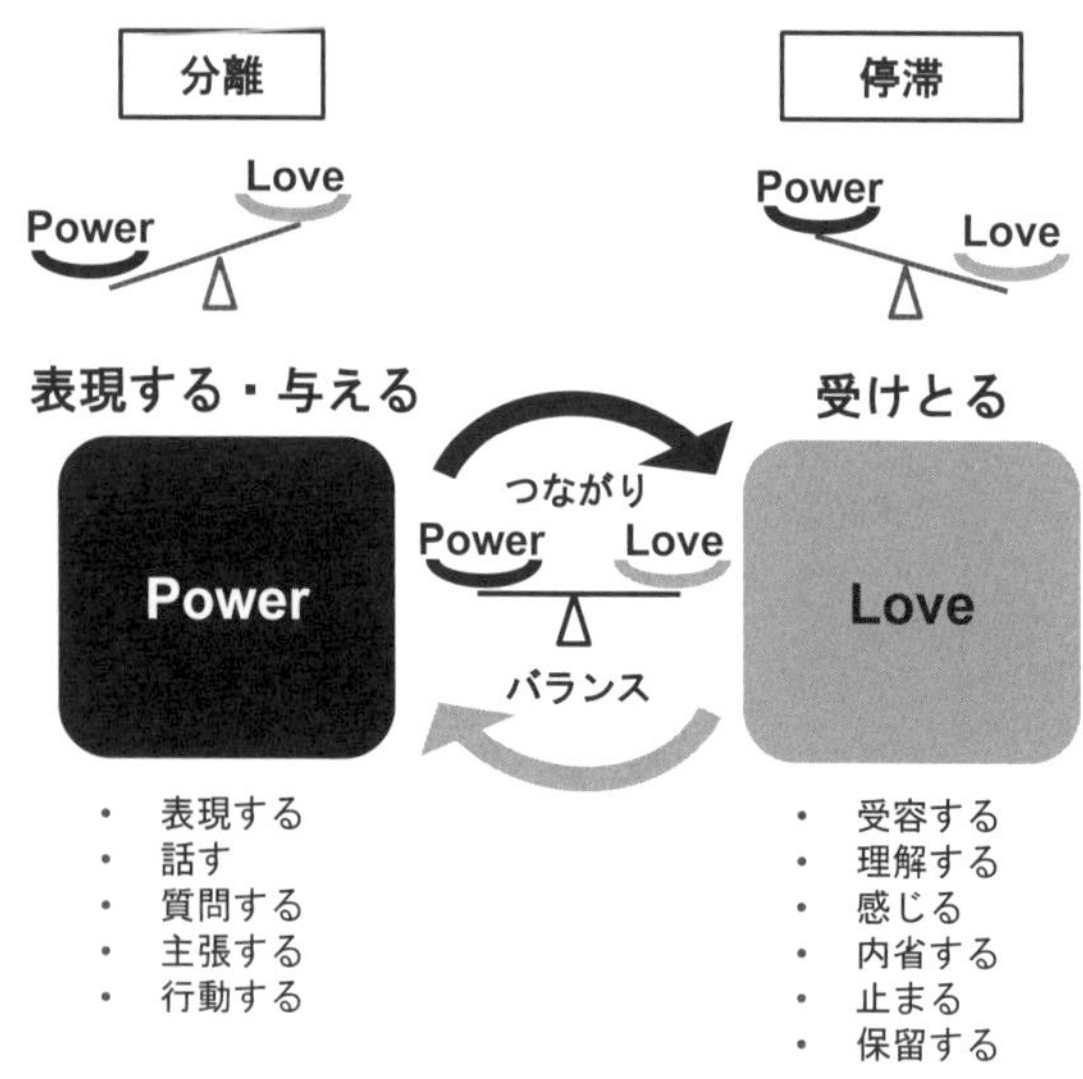

に従うことが求められ、その成果と達成が評価され、それを成す上での効率性、スピードはどんどん加速していきました。お金や物質的な豊かさという、外側に提示される何かに向かってそれを目指して生きることが当たり前のように求められてきました。何か人に認められる価値を出していないと生きていけないのではないか、受け入れられないのではないかという怖れと不安に駆り立てられて行動は加速し、行動過多になっています。存在していること自体に安心はなく、何かを成すことで外側に価値をもたらさないといけないと、多くの人が思い込んでいます。怖れと不安に駆り立てられていると、『その行動をどこからやってい

るのか？』『自分は本当にそれがやりたいことなのか？』という問いは消え、ただ、頭の中にあるやるべきことに日々駆り立てられることになります。

このように内側を感じる女性性のエネルギーと切り離された状態で男性性のエネルギーに偏ると、根がない状態で生きているような感じになります。どんな大木も根と切り離されたら生きてはいけません。大きく伸びるためには根は深く地中に潜る必要があるのです。絶え間ない思考と外側の行動によって、自分の命を全うするための情報につながる内側の感じる空間に、意識が向かわなくなってしまうと、命としての自分のウェルビーイングはそっちのけで、ただひたすら伸びようと栄養剤を投下して促成栽培しようとしているような状態になります。形だけ成長しているように見えるかもしれませんが、自分の命とその情報から分離した状態であり、自分につながって生きている実感が持てません。これがエスカレートしていくと、個人のレベルでも社会レベルでも、何かしらの不調和が病や問題として現象化していきます。

自分の命を全うして生きるためには、生命の原理に則り、女性性と男性性のバランスを保つことが必要です。それがあってはじめて、命としてのエネルギーの自然な循環の中で、命に叶った行動と生き方をすることができます。

何かをしようと駆動し続ける思考と行動を保留し、自分の命の情報を感じ取るために身体の内側の空間に意識を向けることで、私たちは女性性と男性性のバランスを取り戻すことができます。昨今、マインドフルネスや瞑想が多くのビジネスマンに取り入られるようになっているのも、このバランスを取り戻そうと無意識に働いている流れの一環なのかもしれません。

ここでは、日々自分のやっている習慣的な行動を、女性性を使って「どこからやっているのか?」という問いをもって感じることで、日常の中で命と分離している自分につながり直していくことを体験していきます。

10

「日々の習慣の起点を観る」ワーク

❶ あなたが日々やっていることは何ですか？

❷ それはどこからやっていますか？

例）
歯を磨く → 虫歯を防ぐ（怖れ）
子どものお弁当を作る → 母親としての責任を果たす（怖れ）
→
→
→

❸ ❷の欄の右端に「どこからやっているか」と、その起点が「自己愛」か「怖れ」かどちらかを記入してください。

❹ ❶❷❸で書いたものを見たときに自分について理解できること、気づくことは何ですか？

❺ ❸で「怖れ」と書いた❶の行動・行為の起点を取り扱います。感じてみて何があるか？を繰り返し問いかけ、自分の中にある大切にしたいものとつながります。どんなメッセージがありましたか？

❻ 自分の中にある大切にしたいことがわかると、どんな感じになりますか？

❼（選択）今後、どこからどのように❶ができそうですか？ そうすると、どんな体験になりそうですか？

気づき

•

•

•

•

※ワークシートはデータをダウンロードできます。詳しくは12ページをご覧ください。

ワーク

――「日々の習慣の起点を観る」ワーク――

「日々の習慣の起点を観る」ワークに記入しましょう。まずは259ページの例にならって❶から❹までを書き入れます。

ワークシート『❶あなたが日々やっていることは何ですか？』欄に、あなたが朝起きてから寝るまでの日常的に繰り返しやっている主なことを書き出してください。お弁当をつくる、歯を磨く、シャワーをあびる、など、毎日ルーチンで習慣的にやっていることで大丈夫です。

次にワークシート『❷それはどこからやっていますか？』欄に、❶でやっていることのそれぞれについて、それを「どこからやっているのか」を書いてください。「どこからやっているのか」とは、その行動を、自分の内側で何を感じてやっているのか、なぜそれをやっているのかを観る問いです。何気なくやっている日常の行動について、自分の内側を改めて観てみてください。

そしてワークシートに従って、❷で書いた項目のそれぞれについて『❸「どこからやっているか」とその起点が「自己愛」か「怖れ」か』そのどちらになっているかを書き込んでください。

自己愛は自分の内側で大切にしていること、求めていることに自覚的になってそれを満たす表現として行動しているという起点で、一方、怖れは「べき」や「ねば」、やらないとまずいという強迫観念や正当化で行動しているという起点になります。

行動の起点は『自己愛』か『怖れ』か

ワークの❶〜❸欄に、あなたが書いたことを観てください。

内省のための問い

① 自分の行動を「どこから」やっているのかという起点を観て、何に気づきましたか？

② どんなときに怖れから行動していますか？

③ どんなときに自己愛から行動していますか？

改めて気づいたことをワークシート『気づき』欄に記入してみてください。

振り返りのポイント

私たちは普段、自分たちがやっていることについて、その行動を「どこからやっているのか」について自覚的になっていません。「どこから」というのは、その行動を、自分の内側のどんな源からつくり出しているのか、というその行動の「起点」のことです。

行動の起点はその源で2つに分けられます。『自己愛』からやっているのか、『怖れ』からやっているのか、のどちらかです。

私たちは、自分の内側に、自分の命が求めることを感じ取れる空間を持っています。命にあることをありのままに感じ、そのすべてがあっていいという女性性のエネルギーである受容から感じ取れると、自分の命は何を大切にしたいかがわかり、内側と自己一致した行動をとることができます。これが『自己愛』を起点とした行動です。

一方で、それはやらなければならない事だという風に、べき論や義務感、正しさや責任感といった何かしらの圧力が強迫観念としてかかっているときは、「怖れ」が行動の起点になっています。怖れからつくり出された行動はパターン化し、効率性やスピードに重点

■ 内と外の一貫性（integrity）をつくり出す

起点：**怖れ・不安**	起点：**自己愛**
• ～べきだ、～ねば（思考） • 自分を駆り立てる • 「〇〇がない（欠損）」だから「〇〇する（行動）」 • 取り繕う、フリをする	• 今“ある”ものが、ただある（感じる） • 自分の「真実」につながる • 「〇〇がある」そして「〇〇を選択する（行動）」※“ある”⇒“ある”の創造 • 自己（生命）との一貫性（Integrity） • ホンモノさ、自己一致
世界に対して私は成す やるべきことをちゃんとやらなければ 生きていけない	世界の一部として私は在る 自分の生命を生きることが 全体の生命に叶う

がおかれ、処理するタスクのようにこなされます。この起点は、自分の内側と切り離してそれを片づけることにフォーカスするので、自分が本当はどうやりたいのか、どのようにそれをやりたいのかという創造性につながる問いはありません。結果、自分の内側とその行動は分離している状態になります。

例を観てみましょう。

日々の行動として仮に、『毎日のジョギング』があるとします。その行動の起点として『健康でいたいから』という起点もあれば、『決めたことは継続すべきだから』という起点もあるかもしれません。同じようにジョギングをしていても、人によってその動機となっている起点は違います。この起点が「自己愛」からなのか「怖れ」からなのかをみるのが、ワークシートの❸になります。

『決めたことは続けなればならない』という起点の奥には、「続かないのはダメだ」という信念があるのかもしれません。もしくは、続けられない自分はダメだ、続けないとダメな人間になってしまう、というダメな自分をなんとかしようとして分離したいという衝動が起点にあるのかもしれません。この場合は『怖れ』が起点になっているのかも、と捉えてみます。

「健康でいたい」という言葉はさらに繊細に感じる必要があります。自分の身体を慈しむ自分がいるのであれば、それは命に叶う「自己愛」が起点です。しかし「病気になるのが怖いから」「太りたくないから」といった、何かを回避するために行動しているときは、怖れが起点になっています。怖れからの行動には「べき」「ねば」という圧力がかかりやすくなり、それを体験している時、喜びや楽しさはありません。

「愛」とは「あるものをあるがままにある」と認めること

ワークシート『❹ ❶❷❸で書いたものを見たときに自分について理解できること、気づくことは何ですか?』欄に、あなたが書いたことを観てください。

内省のための問い

① 怖れを起点とした行動は、どんな体験になっていますか?

② 自己愛を起点とした行動は、どんな体験となっていますか?

改めて気づいたことをワークシート『気づき』欄に記入してみてください。

振り返りのポイント

何気なくやっている日常の行動をみて、何に気づいたでしょうか。

改めて観てみると「怖れ」からばかりやっているかもしれません。同じ行動でも、日によって「自己愛」からやっている日もあれば、「怖れ」からやっている日もあるかもしれません。「自己愛」を起点としてやっているときの体験、「怖れ」を起点としてやっているときの体験、それぞれを思い起こして感じてみてください。

「自己愛」だからいい、「怖れ」だからダメだということではありません。同じ行動や行為をとっていたとしても、その2つはまったく異なる質感の体験をもたらします。自己愛を起点として行動するとき、そこには喜びや幸せな感覚が宿ります。怖れを起点として行動するとき、そこには緊張と何かしらの強迫観念が働きます。やり切った、達成したという効力感や安堵感はあるかもしれませんが、その中に喜びや幸せを感じるという体験にはなりえません。どちらを体験するにせよ、あなたが何気なくやっている日常の行動の起点に自覚的になることが、命としての自分との一貫性を持って生きることにつながっていきます。

「愛」はさまざまな解釈をされている言葉です。

一般的に、親が自分を抑圧して家族のために我慢することは愛だと思われています。このように自己犠牲を伴う愛には、どこかで必ず「これだけやってあげたんだから」という取引が生じます。自己犠牲を伴う愛は、ずっと我慢していると「これだけ与えたのだから」とどこかで見返りを求める衝動が内側に起こります。この愛を天秤にかけると、与えたものと返ってくるもののバランスがとれている感じがしないと不満や怒りになっていきます。この自分の内側にあるものを抑圧したり無視したりして人のために我慢や犠牲を払うことを、自己愛の欠損と捉えます。

愛とは、本質的には無条件に流れているものです。自分が愛に枯渇した状態から何かを与えることで人から愛を得ようとする行為に走ると、愛は単なる取引材料と化してしまいます。愛は自己愛からしか始まりません。自分の器に「あるものすべてをただあると感じる」ことから始まります。

自分の命の中にあることを、ありのままに認める。自分の内側にあることが、他の人にとってどれだけ不都合で不快であったとしても、自分にはそれがあることを無条件であるがままをただ受けとめる。自分の真実を欺かないこと、これが自分に対する愛、自己愛の定義です。

自分の中にあると感じられるもののすべては、命から生まれています。命の中にあることに、あってはいけないものは何もありません。愛は、命を生かし、育んでいるあらゆる生命体の中に流れているエネルギーです。それを自分の中で感じ取れるか、感じ取れていないか、という違いが、「愛がある」「愛がない」という体験を生み出しているだけで、愛そのものがなくなったことはこの世界で一瞬もありません。

自己犠牲も自己抑圧もなく、自分にあることすべてを感じて、まずあることすべてを自分が受け入れる。その自分への慈愛からのみ愛は外側に循環し、命に叶って生きることができます。これが無条件の愛という起点から生み出される調和する世界の始まりです。

ワーク

――「日々の習慣の起点を観る」ワーク――

「日々の習慣の起点を観る」ワークの『❺❸で「怖れ」と書いた❶の行動・行為を取り扱います。……』欄に取り組んでいきましょう。

まず、❸で「怖れ」を起点としていると書いた❶の行動・行為をひとつ選んでください。そこに書いてあることを読んで感じてください。

その行動・行為の起点を感じてみます。目を閉じて身体に意識を向けたまま、以下の①~④を繰り返し、身体にあることをただ感じ続けてください。

① 「それを感じると何がある?」と心の中で自分に問いかけてください。そして〝あること〟を言葉にしてください。

② その言葉にしたことを感じてください。身体にさらに意識を向けて、感じているものが身体のどこにあるかを感じてください。

③ 身体のどこにあるのかを感じられたら、それはどんな色/形/質感/動きなのかを感じてください。

④ その色/形/質感/動きを、できるだけ鮮明に感じてみてください。

①~④を繰り返し、新しい身体感覚に移らなくなったら、⑤にうつります。

※このワークはペアでやっても効果的です。その場合は一人が問いかけ、片方がそれに答えてください。

❺ ①~④で感じた今の一連の体験から、どんな気づきがありますか？ 考えるのではなく、身体にあることを感じ尽くすことで受け取れる、自分の中にある本当に大切にしたいことは何ですか。メッセージをそのまま❺に記入してください。

次にワークの『❻自分の中にある大切にしたいことがわかると、どんな感じになりますか？』欄を記入してください。❺を通じて感じたことを記入してください。

最後にワークの『❼（選択）今後、どこからどのように❶ができそうですか？ そうすると、どんな体験になりそうですか？』欄を記入してください。❺❻で本当に自分の中で望んでいることを理解した上で、行動の起点を選べるとしたら、あなたはどこから、どのようにそれをやりますか。そうすると、結果としてどんな体験になりそうでしょうか。

自己愛で
命との一貫性をつくり出す

「日々の習慣の起点を観る」ワークに書いたこと全体を観てみます。

内省のための問い

① 自分の中にあることがわかると、行動の起点はどうなりますか？

② 起点が変わると、その行動を取った時にどんな体験になりそうですか？

改めて気づいたことをワークシート『気づき』欄に記入してみてください。

振り返りのポイント

この一連のワークの目的は行動の起点にある「怖れ」を解消することではありません。「怖れ」がある、これを認めて、ただそれがあると感じること、これが自己愛になります。

愛も怖れも自分の中にあるものすべてを感じること、すべてを自分の器の中で受容すること、これが女性性を使うことになります。この「受け容れる」ことを通じて、私たちは自分の命の願いを理解することができます。そして、その命の願いから男性性であるパワーを発揮して行動し、表現し、自分のエネルギーを「与える」ことで、その願いをこの三次元の現実世界に体験や目に見える形としてつくり出していくことができます。この女性性と男性性のバランスがとれていると、私たちは人間らしく、命として充足して生きることができます。

命に叶った生命の一部としてつながりの中で生きる上で大事なのは、何をするのか、ではなく、どこから・・・やっているのか、という起点です。体験の質を創造しているのは、行動そのものではなく、その行動の起点です。例えばジョギングを、これをしないと自分は太ってしまうという怖れを起点としてやっていれば、太っている自分になるわけにはいかない、という抵抗からその体験がつくり出されることになります。命にあることをただ感じて、自分の身体の声を慈しみ、そこからジョギングをやれば、ジョギングをすること自体は喜びとなり、それを楽しめることでしょう。もし身体の声に従ってジョギングをやらない選択をしたとしても、それもまた自分を大切にしているという自愛の体験となるはずです。

行動そのものが同じであっても、行動の起点が異なるとつくり出される体験・現実は異なります。女性性を切り離し男性性のパワーで何かを成そうと行動する時と、女性性で内側にあるものを受け入れて自分につながり、そこから行動する時とは、まったく違う現実が起こってきます。

自分の内側にあることは、すべてをあるがまま受け容れる自己愛の器で受け取ります。あるものが否定されたり分離されることなくただあるがまま感じられた時に、それが自分の中で統合されます。この、すべてがあっていいという自己愛の状態を起点とすることで、命に叶った振る舞い方や行動ができるようになります。

何気なくやっている日常の行動の起点に、私たちは通常は無自覚であり、「何をするか」「どうするか」ばかりを考えています。しかし、体験の質を決定的にしているものは「何を」ではなく「どこから」という行動の起点です。

「自己愛」だからいい、「怖れ」だからダメだということではありません。どちらもそれぞれの体験をつくり出すだけです。ただ、行動の起点に自覚的になり、自己愛から自分の女性性を使って、あることを感じて理解することで、私たちは行動の起点を選べるようになります。朝起きてから夜寝るまで何気なくやっている行動の起点に自覚的になることで、自己愛から起点を選び直し、内側にある命の声との一貫性（INTEGRITY）を持って生きることができるようになります。

全体の振り返り

習慣として繰り返しやっている何気ない日々の行動にも、すべてに起点があります。しかしその起点に普段は無自覚です。このワークを通じて、自分について新しく気づいたことは何でしょうか。行動の起点を観ることで、命につながらないまま反応的にやっている行動を見つけることができます。

ここまでワークを振り返って気づいたことを、ワークシート『気づき』欄に記入してみてください。

ワーク全体の内省ポイント

私たちは日々、数多くの行動を通して生きています。だからこそ、その行動の一つひとつの起点は私たちの人生の質そのものに大きく関わっています。しかしながら私たちはその起点にとても無自覚です。

命に叶って毎日を充足して生きるためには、エネルギーを「受容する」女性性とエネルギーを「放出する」男性性のバランスが不可欠です。生命はそのバランスで成り立っています。女性性の働きを意識することで、自分の内側に感じる空間をつくり、自分につながることで生命の原理に則った生き方ができるようになります。自分の行動の起点を自覚せずに、無自覚に怖れに駆り立てられて、自分の内側と切れたまま行動していると、どこかで必ず不本意な現実がつくられます。

私たちの人生は行動の積み重ねです。日常の行動の起点が「自己愛」からなのか、「怖れ」からなのかに自覚的になることで、自分の命との一貫性を持てるようになり、日常の中で分離している自分に気づき自己統合を進めていくことができます。「自分は今、これをどこからやっているのか」を問い続けることで、日々の体験の質は大きく変容していきます。

10章のまとめ

- 体験の質を決めているのは、何をしているのかではなく、どこからしているのか、という行動の起点。
- 日々無自覚に行っている習慣的な行動の一つひとつに起点がある。
- 女性性と男性性のバランスが命としての調和の原理。
- 女性性から自分の中にあることすべてを受け容れ、内なる願いにつながって行動を選択したとき、その体験には喜びや充足がある。
- 行動の起点が、自己愛か怖れかに自覚的になることで、自分の命との一貫性を持って生きることができる。

第3部 ワーク

11章

3つの自己の統合

このワークの意図

- 自己愛という言葉の「自己」とは何かを学びます。
- 自分の中にある抑圧された「自己」に気づくことを体験します。
- 自分の中にあるすべての「自己」の声を聴き、自己愛からの自己表現について理解します。

私の中の3つの自己

愛とは何でしょうか？

愛については様々な捉え方があると思います。ここでの愛とは、命が宿るすべての生命体を育み、進化させている意識とエネルギーとして捉えます。私たち生きとし生けるものすべては、愛に育まれて進化しています。愛は、あることをただあるがままに受け入れることで、それを感じられるようになります。内側にあることも、外側にあることも、抵抗を手放しあるがままを受け入れることで、自分の命に必要なものは与えられ、生かされていて、すべてがつながっている生命の網の目の一部として自分は今ここに在る、ということを実感できるようになっていきます。

自己愛とは、自分の中にあるものを、あるがままにただあると認めることです。自己愛とは自分の中にある思考、感覚、感情などのすべてをエネルギーとして評価判断なく、どうにかしようと一切せず、どんな瞬間もあるがままを受け入れている状態のことです。

ここでは、その実践のために、私たちの内側には3つの異なる自己が存在しているという観点から自分を観てみましょう。

「幼子（おさなご）」「大人」「賢者」の3つの異なる自己が私たちの内側には存在し、それぞれの声を日々内側で体験している、と捉えてみます。

幼子の自己

「幼子」の自己は、欲しいものは自分の力では満たせないと思っている幼児の自分です。自分で欲しいものは、誰かに満たしてもらわないといけないと思い込んでいます。

自分が無力なので、自分が満たしたいことは人に要求することしかできません。それが満たせないと、それは誰かのせいだ、という認知になります。自分の欲求を満たすことが関心であり、自分を満たす上で「何がないか」という欠落や欠損に執着し、それを補うことを自分以外の外側の何かに求めます。「なんで○○じゃないの？」「なんで○○してくれないの？」という、自分で自分の求めることに対して責任をもつことなく、自分を満たすことを誰かに無自覚に依存し続けます。

一方で幼子の自己はとても重要な声を持っています。喜怒哀楽の情動が豊かで、自分は何が欲しいか、何が嫌なのかということを本能的にわかっています。自分の欲求に正直で、何を求めているかが明確です。自分の欲求が中心になるので、主観的です。幼子は、自分の欲求に正直な情動のエネルギーです。このため、感情の振幅の幅がダイナミックで無邪気でイキイキとしたエネルギーに溢れています。

ただ、自分が求めている大切なものが得られないと小さい時に傷ついた幼子は、自分の欲求を満たす上で、自分は無力だという痛みを抱えています。この無自覚な思い込みから、大人になっても自分で満たせないことを人のせいにしたり、感情を人にぶつけたり、人に強く要求したりします。この自分の中の幼子を自覚的に扱えないと、自分を無力感の痛みから守るために被害者的なドラマを演じて逃避したり、誰かに責任を押し付けて一方的に攻撃したり、人に過剰に依存したりと、人生に起こる現実に対して自分の力で責任をとれなくなってしまいます。

大人の自己

「大人」の自己は、不快感や痛みをできるだけ避けて、この社会で安全に生き延びるために思考し、無力感を克服して自分で自分を満たせるように生きようとする自己です。「どうしたらいいのか、うまくいくのか？」「どうしたら解決できるのか？」と客観的に物事を捉え、思考を駆使して何をすべきかを考えています。身につけた能力を使って、求めるものは自分の力で手に入れられるということが前提なので、基本的に自分でなんとかするべきだ、自分でちゃんとやらないと、と思考して動いています。このため、感情的になったり、弱みを見せたり、人に頼ったり依存したり甘えたりする幼子の自己に抵抗を覚えま

■ 3つの自己を統合する「私」

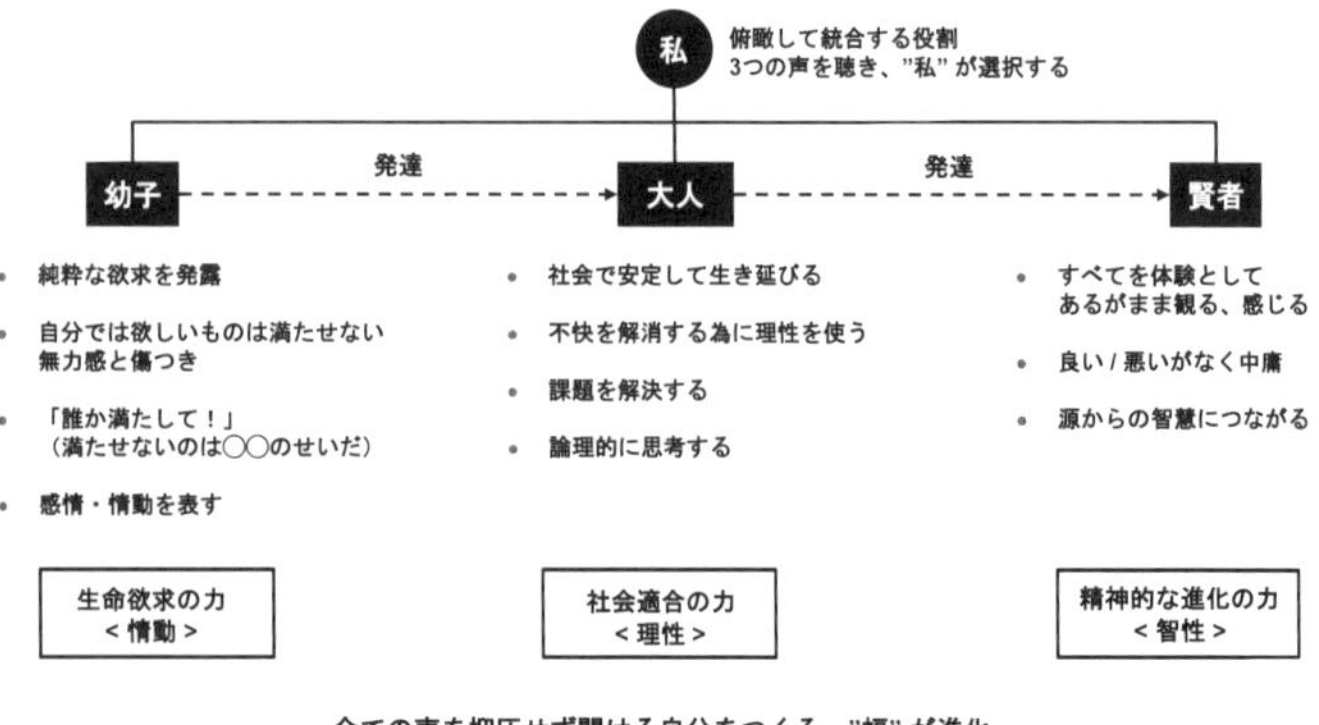
私
俯瞰して統合する役割
3つの声を聴き、"私"が選択する
幼子
発達
大人
発達
賢者
純粋な欲求を発露
自分では欲しいものは満たせない無力感と傷つき
「誰か満たして！」（満たせないのは○○のせいだ）
感情・情動を表す
社会で安定して生き延びる
不快を解消する為に理性を使う
課題を解決する
論理的に思考する
すべてを体験としてあるがまま観る、感じる
良い / 悪いがなく中庸
源からの智慧につながる
生命欲求の力 ＜情動＞
社会適合の力 ＜理性＞
精神的な進化の力 ＜智性＞
全ての声を抑圧せず聞ける自分をつくる、"幅"が進化

す。

社会にちゃんと適合すること、社会的に生活が安定することや評価されることが関心であり、そのためには社会的な規範に自分を合わせようとします。能力を高め、やるべきことをやり、求められることに対して責任を果たすことを重要視します。

大人の自己は、思考を機能としている理性的なエネルギーです。社会的で、情動を理性で制御している自己です。大人の自己と同一化し、その自己だけが自分のアイデンティティになると、幼子が持つ情動を思考で客観視して切り離してしまうため、感情を切り離すことで自分が求めているものがわからなくなるだけでなく、感動や喜びや豊かさといった、生きる上での充足感を感じにくくなってしまいます。

一方で、私たちはこの大人の自己がないと、自分の人生に自分で責任をとる選択も行動もできず、物事を自分の力で形作って現実化することができません。

賢者の自己

「賢者」の自己は、この身体があるからこそできる生命全体の一部としての体験を通して、内なる智慧につながり、霊的な進化を促しています。体験から起こる気づきから自己理解を深め、意識の進化を遂げてまたそこから新たな体験をするというサイクルのエンジンになっています。「いい・悪い」という二元的な世界観から自由になって、ありのままを受け入れて精神的に進化する自己です。

賢者の自己の関心は、学びと意識の進化です。だから体験においても快・不快にとらわれず、常に中庸な立場から内側と外側に「何があるか?」をありのまま観ます。内側を感じる空間を通した気づきから、内から湧きあがる源の智慧につながります。新しい体験を通じた気づきから自己理解を拡大し続け、常に新しい自分を創造していきます。

賢者の自己は、常に中庸で全体性から物事を捉える、感性・観性を使います。洞察や直観を機能とする進化を促す気づきと智慧を持っています。この自己がないと、内なる智慧につながって自分の命を生きることはできません。

この3つの自己からのエネルギーや内なる声を、すべてあるもの、あってもいいものと

■ 3つの自己のプロセス

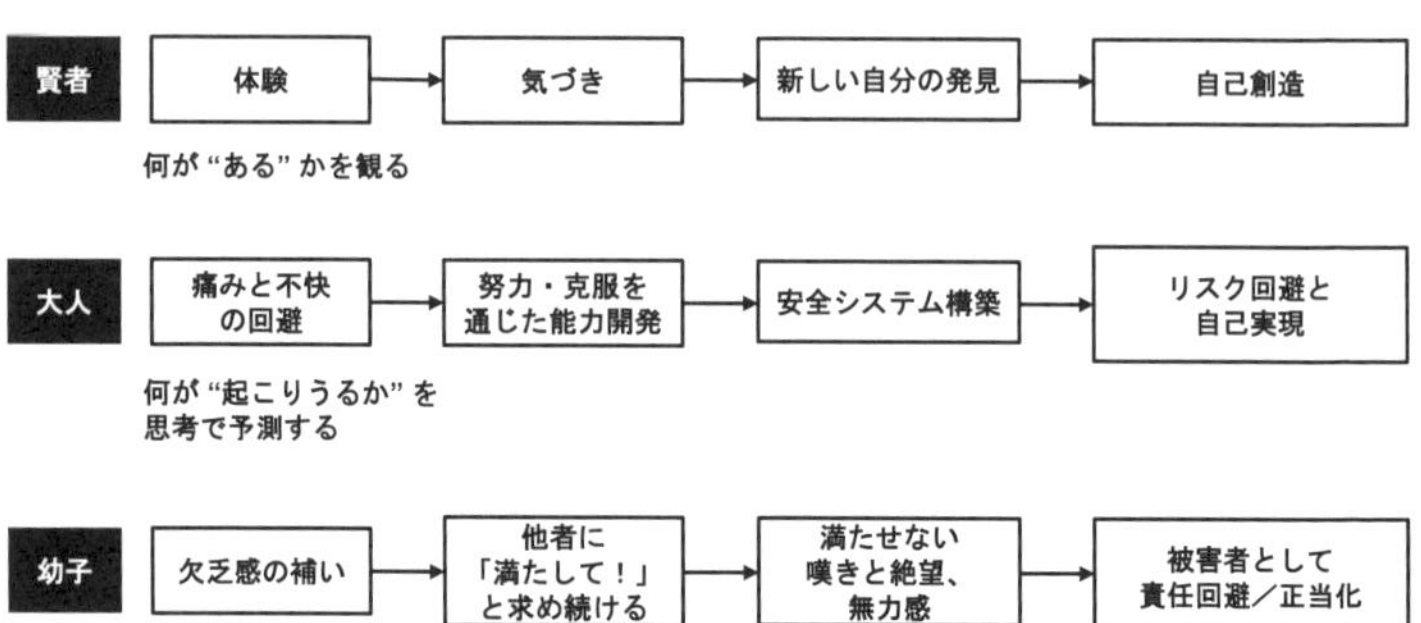

して、すべてにオープンで共にあれる中庸な状態でいること。これが「私」です。

私たちは成長するときに、ちゃんと自立した大人にならなくては、というプレッシャーがあります。このため、大人への発達段階で幼子の自己は自分の中にあるべきではない、と抑圧されていきます。しかし、実際には大人になってもこの幼子の自己は自分の内側から決してなくなりません。私たちの中に幼子の自己はずっと存在していますし、必要な声なのです。しかし、多くの人たちがちゃんとした大人の自分でなければならない、と幼子の自己を卑下したり、それをないことにしています。残念ながら、あるものをないものにはできないし、必要だからあるのです。その抑圧は気づかないうちに、特に幼子の傷つきが人間関係における不調和として外側の体験の中に現象化します。

これまでの社会は、自己制御のできる理性的な大人としてこの社会に適合できることに重きが置かれてきました。このため、大人の自己をアイデンティティとして、幼子と賢者の自己の2つの扱い方について無知なまま、多くの大人たちが生きています。自分の全体性を取り戻すためには、この3つの自己の認知は大切で、この多様な自己をホールドしている器が自分である、という観点を持てると、ありのままの自分でいることはそんなに難しいことではありません。

社会的に適合を求める力が強く働いていると、幼子から大人の自己で発達が止まり、傷ついた幼子を抑圧して自己統合に至らない大人たちが社会を動かすことになります。賢者の自己は、唯一無二のこの肉体に宿った命に自分が意識的に開けないとその存在を感じとれません。この自己を開くには、傷ついた幼子を自己共感で癒し、情動的な幼子と理性的な大人の自己の両方を、バランスのとれた状態で自分の内側で統合していくプロセスが必要になります。

人間の進化は、幼子↓大人↓賢者のように、1つのフェーズが終わって次のフェーズに移り変わっていく直線的なものではありません。自分という意識にこの3つの自己すべてが等しく含まれ、分離や抑圧なくすべてが含まれている自分であること、この統合を自己愛のプロセスとして捉えています。

特定の自己と一体化したり、どれかを抑圧すると、人間として全体性を生きられません。すべての自己が慈しまれていいのです。この3つの自己の声が、すべてあることとして受け入れられていることが自然な状態です。3つの声を聴くことで自分の内側の調和が保たれます。すべての自己の声をどれも抑圧せずに慈しみ、あるがままでいるのが私なのです。

この私が意識できるようになると、この瞬間どの自己と紐づいているのかを自覚し、どんな声も抑圧せずに聴き、すべての自己があっていいという自己愛の意識が自然と拡がっていきます。そのすべての声を受け取れている状態から、私はどうありたいのか、何を選択するのか、を自分の意志で決めていけるのが本当の「私」です。

それでは、実際に自分の中にある3つの自己を観ていきましょう。

「3つの自己」のワーク

❶ 印象に残っている不本意な体験を書き出してください。その体験の時、3つの自己のどの自己が「私」と一体化していますか?

❷ 3つの自己はそれぞれ何と言っているでしょうか?

幼子

大人

賢者

❸ 3つの自己の声をすべて感じきると、どんな智慧につながれますか?
そこからどんな自己表現をしますか?

気づき

-
-
-
-

※ワークシートはデータをダウンロードできます。詳しくは12ページをご覧ください。

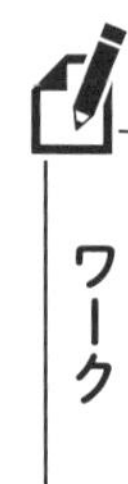

ワーク

――「3つの自己」のワーク――

「3つの自己」のワークの『❶印象に残っている不本意な体験を書き出してください。その体験の時、3つの自己のどの自己が「私」と一体化していますか？』を記入します。

まずは、自分に起こった不本意な体験を書き出してください。何が起こり、それに対して自分はどうしたのか、そしてその結果どんな体験、想いが自分に残っているか、を思い出して書き出してください。

そして、その体験を思い浮かべて、そのときの「私」は、3つの自己「幼子」「大人」「賢者」のうち、どの自己と一体化していたかを観てみてください。

不本意な体験は抑圧された声の現れ

ワークシート❶に、あなたが書いたことを観てください。

内省のための問い

① その体験の中では、どの自己が「私」と一体化していましたか？

② どの自己が私の中で抑圧されていましたか？

③ それはどうしてですか？

気づいたことを、ワークの『気づき』欄に記入してみてください。

振り返りのポイント

自分の体験が何か不本意だったと感じる時、その体験の中で3つの自己のうち、何かしらの声が抑圧されています。何かの出来事や体験が起こったとき、「私」は無自覚に幼子や大人の自己と一体化してしまうのです。

自分の中に抑圧している声があるとき、自分の中で分離した自己があるとき、私たちはそこから外側に何かしらの不本意な体験をつくり出します。

この体験をしたとき、どの自己を抑圧していたのでしょうか。私がすべての自己の声をあるがまま認められた時に初めて、本当は何をどう表現したいのかを意識的に選ぶことができます。

ワーク ――「3つの自己」のワーク――

次に『❷3つの自己はそれぞれ何と言っているでしょうか？』欄を記入します。

もう一度その体験を思い浮かべ、3つの自己すべての声に耳を傾けてください。どのような声があっても、それをただあることとして受け入れ、書き出してください。

どの自己の声に当てはまるかが、よくわからなくても構いません。3つのどれに当てはまるかは後で考えても構いません。どこに分類するのではなく、すべての声を認識することがポイントです。

今の世の中は、「いい・悪い」の二元論に基づき、理性的で正しい大人の自分でいないといけない、という力が強く働いています。この場合は、幼子と賢者の声はかき消されてしまいますし、逆に痛みが触発されて幼子と一体化し、大人や賢者の自分とつながれないこともあるかもしれません。

幼子の声を聴くには、自分の情動に意識を向けます。「ヤダッ」というような情動的な衝動の声です。愛やつながりなど人間の原始的な欲求から生まれる衝動です。「なんで○○じゃないの！」「なんで○○してくれないの！」という、自分の内側にある衝動をただ外側に要求としてぶつけるのではなく、自分の求めていることを理解するためにその声をありのまま聴き、感じます。

大人の声は、「○○すべき」というべき論や「○○せねば」といった責任感から思考が生みだす言葉です。幼子でいることを生存の武器にしている人は、無力な幼子と自分を一体化させ、大人の自己が持つ自己実現の力に開こうとしない場合があります。無力な自分でいる方が責任をとらなくていいという生存的な旨みがあるからです。本当は自分の力で自分を満たせるのに、それはないことにして大人になっても幼子の自己と同一化した生き方もできます。その場合、大人の自己の力は、人への要求や依存のために使われていきます。大人になったら、自分の求めていることに自分で責任をとれる能力があり、もう人から与えられるだけの無力な幼子ではありません。無力感に陥ったとき、幼子の自己と一体化せずに、自分の欲求に幼子の声から明確になり、自分にできることは本当にないのか？　といった、大人の声を引き出す問いを自分に投げかけてみてください。

幼子と大人と両方を尊ぶことで出現するのが賢者の声です。幼子の情動と大人の理性両方が内側で知性として統合されないと賢者の声は聴こえません。情動的な幼子と理性的な大人が対等に対話できるようになってくると、賢者の声に開けるようになっていきます。

賢者の声は3つの声の中で一番繊細で、源からの直観やインスピレーション、ひらめき、イメージやビジョン、根拠のない確信、のような形で起こります。体験として、湧き上がる、ふと降りてくる、なんとなく、という感覚を覚えるかもしれません。賢者の声が感じ取れたら、まずは流さずに真に受けてみましょう。幼子と大人の声は外側の世界との作用から、賢者の声は深いところにある内なる命から湧き上がります。内側にあるものを感じ続けている状態で「命は何を体験したがっているのか?」「自分に今、何を気づかせようとしているのか」という問いを投げかけたときに、賢者の声は最善のタイミングでその答えにつながる洞察を様々な形で届けてくれるはずです。

抑圧している声を聴く

「3つの自己」のワーク『❷3つの自己はそれぞれ何と言っているでしょうか?』欄に、あなたが書いたことを観てください。

内省のための問い

① どの自己の声が抑圧されていましたか？　そこにはどんな声がありましたか？

② どの自己の声は聴きとりやすく、どの自己の声が聴きとりにくいですか？

③ 自分の3つの声の聴き方に、何かパターンはありそうですか？

改めて気づいたことをワークシート『気づき』欄に記入してみてください。

振り返りのポイント

自分の内側で抑圧や分離をしているものは、無自覚に外側の現象として表出します。自分では理性的であろうとしたはずなのに、外側で感情的になっていたのであれば、それは抑圧した幼子の暴発です。

幼子が外側で暴発しているのなら、幼子の声が内側で聴こえていないということです。

幼子の情動を内側で受け容れて聴けていないから、その衝動が外側で暴発しているのです。

自分の中の大人の自己が、特に傷ついた幼子の存在を無視して、裁き、切り離す限り、傷ついた幼子と一体化してしまう私が延命しています。自分ではどうしようもない不安や怖さがあるなら、それを認めることです。幼子をドライブしているのは、自分ではどうしようもないという小さい時に体験している無力感や不安、絶望です。まずはそれがあってもいい、とゆるしてあげてください。

「自分には成すすべがない（無力感を感じる）」という痛みに触れると、傷ついた幼子は不安が発動して感情的になります。そんなときは、幼子の声を聴き、そこにある感情を感じてあげてください。そして、幼子が満たされなかった悲しみ・嘆きがあるなら、それを感じて受け止めてあげてください、

そこから、幼子の自己が、何を本当は満たしたいのか、を理解しようと大人の自己の力を使うのです。自分では満たすことができないと思っているものが何なのかをわかってあげること、それが幼子の声を聴くことです。そして「自分には何ができるのか」と思考を使って、大人の自己がどう能力を発揮すればそれが満たせるのかを考えます。

自分の幼子を理解して自分の欲求に明確になり、理性的な大人の自己の声を使い最善を尽くして行動し、純粋な内なる智慧につながる源の声である賢者の自己から導かれて、統合した自分を生きることができます。

人間にとって生きる上で安心感は最も大切なニーズですが、

幼子は、「人に満たしてもらえたら安心」
大人は、「自分でうまくできるようになったら安心」
賢者は、「生かされているから、なにがあっても安心」
とそれぞれの安心感があります。

そのすべての安心感が人生で満たされてよいのです。どれを感じてもいいのです。自動的に反応しているのではなく、自分が何を選んでいるのかを自覚していることが大事です。

人間関係をこじらせている原因として、自分か相手が傷ついた幼子と同一化して暴発していることが原因となることが多くあります。

その傷ついた幼子が無力感に反応したときに、相手から大人の自己の声（正論の主張やべき論の意見）で攻撃されたり、同じ幼子の対応（あなたのせい、あなたがなんとかしてくれて当然、という要求）をされると、そこには共感の欠如と不理解の痛みから反応や争いが生じます。

傷ついた幼子の抑圧は大人になってからの人間関係において

- 自分がやってもらえなかったことを、人に過剰にやる（反面教師）。
- 自分が得られなかったものを、人にも決して与えようとしない（痛みの連鎖）。
- 自分が味わった同じ痛みを、誰かに味わわせようとする（復讐）。
- 自分で責任をとらずに、誰かから求めているものを得ようとする（寄生や依存）。

といった形で現れます。どれも結果的に人間関係に分離や共依存、不調和を生み出します。

自分の内側の幼子を扱えるようになると、お互いの幼子と関われる器が育まれ、傷ついた幼子の痛みや傷を理解できる（幼子が何を求めているのかを聴き合える）ようになります。そして、相手の幼子の反応に対して、大人としてそれを諭そうとしたり、傷ついた幼子同士で反応し合う必要がなくなり、関係性はより平和になっていきます。

ワーク

――「3つの自己」のワーク――

「3つの自己」のワーク『❸3つの自己の声をすべて感じきると、どんな知恵につながれますか？　そこからどんな自己表現をしますか？』を記入します。

❷欄に書いた3つの自己の声をすべてハートで感じてください。

そうすると、何がわかりますか？

それがわかったら、❶の体験を通して「私」はどんなことに気づけるでしょうか？　本当はどうしたいですか？

どの自己が自由な自己表現を妨げているか？

「3つの自己」のワークの『❸3つの自己の声をすべて感じきると、どんな智慧につながれますか？　そこからどんな自己表現をしますか？』欄に、あなたが書いたことを観てください。

① どんな抑圧が、あなたの自由な自己表現を妨げていますか？

② その抑圧がなければ、どんな自己表現ができますか？

改めて気づいたことをワークシート『気づき』欄に記入してみてください。

振り返りのポイント

不本意な出来事に反応しているとき、私たちは創造的な自己表現ができません。反応すると、攻撃か防御かという決まったパターン行動にはまってしまうからです。無力な幼子と一体化していると、「私」は人生において無力感を前提とした自己表現しかできません。一方で、私が不快・痛みを避けてどうやったら問題を解決できるのか、どうしたらうまくいくか、とひたすら思考している大人の自己と一体化していると、私は不快や痛みをなんとかしようとする、という自己表現しかできません。

どんな声であっても内側にあるものから切り離されてしまうと、自分が選択する上で必要な情報と理解が欠けたまま、行動せざるを得ません。私たちの内側の多様な自己は、それぞれ大切な役割を持っていて、そのどれが欠けても人間として調和して機能できません。すべての声を慈しんで受け止め、その全体性から「私」が意志を持って選択できると、より在りたい自分、心から望んでいる自己表現ができるようになります。私が何を真に受け、何を抑圧しているから、❶の体験にある自己表現しかできなかったのかを観てみてください。

「幼子」「大人」「賢者」のすべての自己の声を聴くと人間は創造的に自由に表現できるようになります。〇〇じゃなきゃダメだ、といった正論や「べき論」は何が好きで何が嫌いか、といった自分の正直な欲求を抑圧してしまいます。3つの声につながれている器をつくること、そこから外の世界へ表現するのです。このすべての声が聴けている状態から自分の意志で選択して生きると、常に創造的で自由でいられます。

全体の振り返り

「3つの自己」のワークを通じて、自分の中にあるものすべてを、ありのままあっていい、ただあるものとして受け容れる自己愛を育み、そこから自己表現することの可能性をみてきました。

このワークの全体を振り返って、気づいたことをワークシート『気づき』欄に記入してください。

ワーク全体の内省ポイント

「幼子」「大人」「賢者」の3つの自己の声を、すべてあるもの、あってもいいものとして、自分の中にあるすべての自己、そのエネルギーを慈しむ。これが自己愛の実践としてとても効果的に働きます。

私たちは、幼子から大人へと移行することが進化だと思っています。しかし、幼子は、大人になってもずっと私の中に存在しています。幼子は、自分の命の衝動のエネルギーです。これがあるから、私たちは自分の命に正直に生きることができます。幼子がなければ、私たちには生きる活力はありません。

でも、幼子のまま大人の自己がなければ、その命の衝動を体験や形として現実化することはできません。思考を駆使できる大人の自己もまたなくてはならないものです。この幼子と大人がお互いに分離せずに対等につながっていることが発達のプロセスとして欠かせません。

多くの大人たちが、幼子から大人の自己までで発達と進化が止まっています。適合の世界の「いい・悪い」の二元論の中で様々な内なる声から分離していると、深いところを源とする繊細な賢者の声をキャッチできません。でも、源につなげるのも私たちの中にある賢者の自己です。私たちが、感じる世界を開き、幼子と大人の声を「いい・悪い」の評価・判断なくありのままに感じることで、源に意識的に開いていく賢者の自己を育てていくことができます。

進化は、幼子↓大人↓賢者のように段階的に移り変わるわけではなく、すべての自己が「私」の中で統合されていく、という見方ができます。自分の器の進化は、この3つの自己すべての声を聴けるようになること、このすべてがいいも悪いもなく自分の中にあると認識できる状態になっていくことです。

どれかひとつの自己と一体化して自分のアイデンティティをつくっても、全体性を生きられません。すべての自己が必要なのです。すべての自己の声をどれも抑圧せずに受けとめている「私」がいることが、私が全体性にあるということです。

この私が意識できるようになると、自分の行動がどの自己と一体化しているのかを自覚し、自分の中にあるすべての自己の声をどれも抑圧せずに聴きながら、そのすべてを感じた上で選択した私の意志で外側の世界で表現できるようになります。これが、どの自己も抑圧せず、どの自己とも同一化しない、自己愛からの自由な生き方を創り出す入口になります。

11章のまとめ

- 不本意な体験には抑圧された自己が現れている。
- 「幼子」「大人」「賢者」の3つの自己すべての声を等しく大切にすることが自己愛。
- 「幼子」は大人になっても自分の中からなくならない。
- 「賢者」の声は自分の内側の魂につながる感じる世界にある。
- 「幼子」「大人」「賢者」の3つの自己の内なる統合が進化。
- 「私」がどの自己と一体化しているのかに自覚的になれることが大事。
- 自分の中にあるすべての自己の声を受け取り、そこから「私」が最善を表現することが、自己愛からの自由な自己表現になる。

ワーク

第4部

12章

生存適合OSとメンタルモデル

このワークの意図

- 自分の適合OSの構造を知り、不本意な現実がつくり出される仕組みを理解します。
- 起きている行動をありのまま観ることで、その現実をつくり出しているのは自分であることに気づきます。
- 外側に起こる不本意な現実から、現実に変化をもたらすことのできる自己内省力を身につけます。
- 自分の痛みと分離するためにつくり出したメンタルモデルを理解することで、あきらめきれない願い・自分がこの世界にもたらしたい真実に気づきます。

「適合OS」と「メンタルモデル」

私たちは、日々生きていく中で、「本当はこうなるはずじゃないのに」という不本意な現実を体験します。普通は、その不本意な現実がまるで事故のように「自分に起きてしまった」と捉えています。

「ひとりの人間の内的世界が外側の現実をつくり出している」

この原理に基づけば、その不本意な現実も自分でつくり出していることになります。例え無自覚だとしても、その現実は私たちの内的世界にある何かによってつくり出されているのです。現実を体験するには必ず何かしらの行動が必要です。その行動は、私たちが無自覚に現実を生み出す「適合ＯＳ（オペレーションシステム）」から生み出されています。

「適合ＯＳ」とは、「ひとりの人間の内的世界が外側の現実をつくり出している」という原理に基づき、現実に起きている事象が、内側のどこからどのようにつくり出されているのかを可視化した、一人ひとりの内的世界の構造を観るためのフレームワークです。

適合ＯＳは、ひとつの肉体として境界線をもって分離して生きる個が、世界に対して適合し、そこで社会的に受け入れられることでつながりを保ち、生存していくことを目的に、一人ひとりの中に幼少期のどこかでその原型がつくり出されます。

幼少期から成人へと発達・成長するに従い、能力は向上し、その行動は複雑化しますが、幼少期に生まれた適合ＯＳの原型は変化しません。まるで、ひとつのプログラムを元にアプリケーションが動き、一定のアウトプットを生み出し続けるコンピューターの仕組みと同じように、外側に起きる一定の現実というアウトプットを生み出すＯＳ機能を、人間は完全に無自覚に内在化し、まったくその存在を知らないまま自動化されたそのシステムの中で生きているのです。

「適合ＯＳ」は、生存本能がつくり出した人生における「痛みの回避」のためのメカニズムです。

人間は、個として分離した固有の肉体を持っている以上、誰もが「痛みを感じる」という絶対に避けられない体験をしています。「痛み」の体験とは、「自分の内側でこの世界にあるはずだと思っていたものが、自分が生まれたこの世界にはない、それに対して自分はどうすることもできない」という無力感を伴う欠乏・欠損の体験です。

この世界に生まれたあらゆる人間が絶対にあるはずだ、と思いたいもの、欲しいものは、「**自分はありのままで愛されている**」という存在に対する無条件の愛への信頼と、「**絶対的なつながりがある**」という自分の居場所やつながりを感じることから得られる安

■ 痛みから不本意な現実までの人間の内的構造

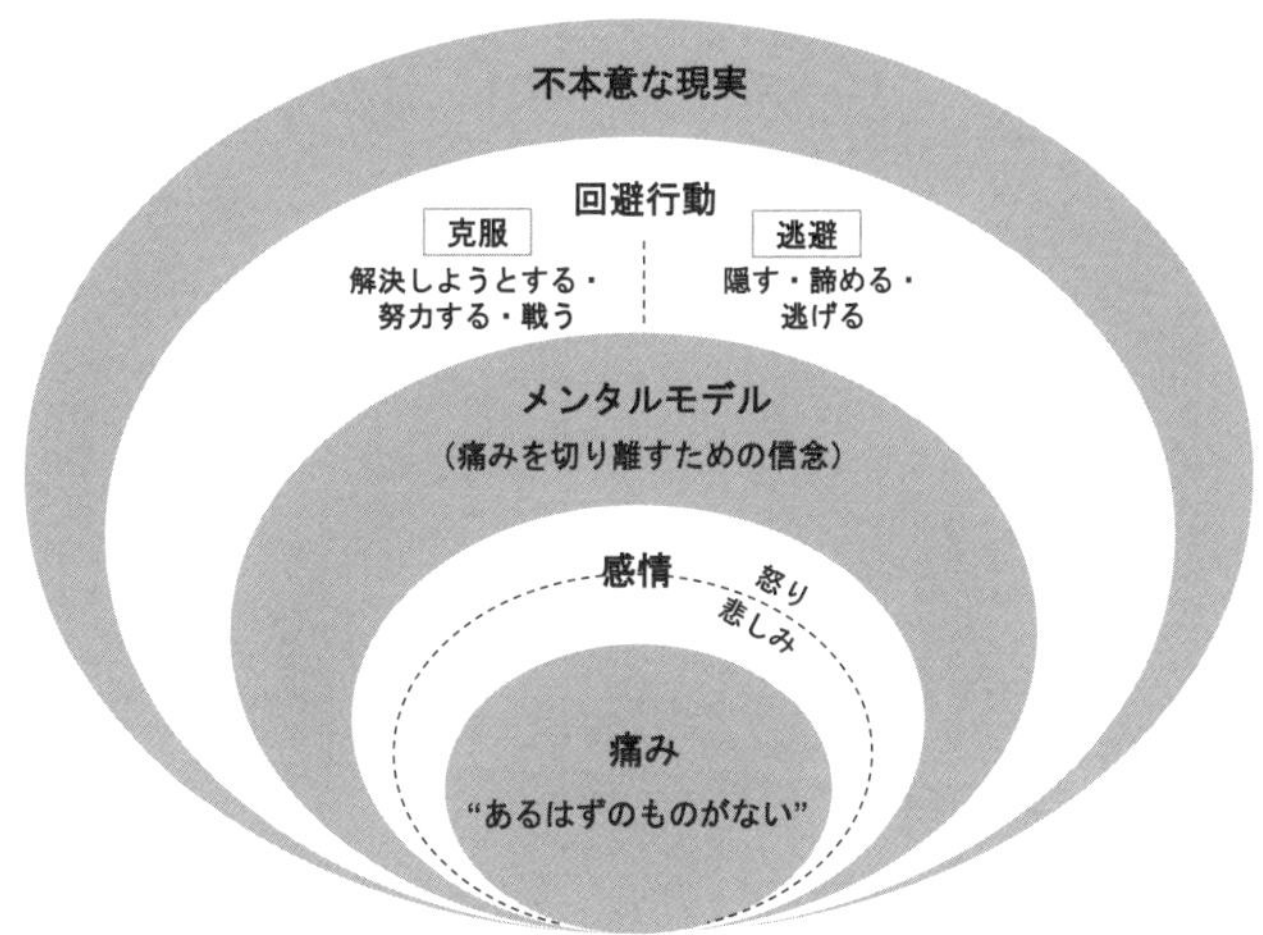

心感です。

ところが、このあるはずだと信じていたものが、自分のいる環境や関係性には「ない」という痛みの体験が、幼少期にやってきます。

「あるはずなのにない」という衝撃、痛みを身体で感じるその瞬間、そこには様々な感情が溢れます。それは必ずしもトラウマといわれるような大きな出来事だけが原因ではありません。日常の人との関わりやささいな体験にも起こり得ます。怒り、悲しみ、戸惑い、不安、恐怖、パニック……。

これらの感情を感じ続けると痛みが続くので、その不快感をなんとかしようという衝動が、思考を使って自分と起きた事象を切り分け、その痛みが起きた理由づけをすることによって、この痛みから自分を切り離す、ということが無意識で起こります。

そのときに、世界や自分に対して「判決」を下す無自覚な信念がつくり出されます。

この無自覚な痛みと分離するために生まれた信念を、ここでは「メンタルモデル」と呼びます。

※メンタルモデルとは、ピーター・センゲの書籍『学習する組織』(英治出版)のなかで「無自覚に持っている思い込み・信念」と定義されているものです。ここでいう「メンタルモデル」とは、今の適合の世界で人間が必ず体験する「ない」という痛みを回避する適合OSの一部です。その痛みの取り扱いについて無知であるがゆえに、その痛みをなんとか避けようとするシステムがつくり出されます。「世界は○○だ」「自分は○○だ」、だから仕方がない、と割り切ることで痛みを切り離すために作り上げた信念・概念を、ここでは「メンタルモデル」と呼んでいます。

この無自覚な信念「メンタルモデル」に基づく「適合OS」が一旦でき上がると、それ以降の人生は、そのときの痛みを二度と味わうことのないように、という痛みを切り離すための信念に基づく、痛みを再現しないための「回避行動」で無自覚に埋め尽くされていきます。

回避行動には、痛みを感じることがなくなるように何かの努力によってその痛みの再発を防ごうとする「克服型」と、その痛みに触れることがないように、痛みにつながりそうな機会そのものを避けたり、どうせ〇〇だから、とあきらめや皮肉で割り切ってその痛みを体験する可能性自体を無自覚に排除しようとする「逃避型」があります。

どんなに正しく、よいと思う行動をしていても、実際にはこの適合ＯＳの駆動に自覚的になれない限り、人生でやっていることは、痛みを回避するための回避行動になってパターン化しています。

この回避行動によって、痛みを回避することに成功している気にはなれますが、必ずどこかで綻びが生じ、不本意な現実が外側に起こります。

人はまったく無自覚につくり出されている、痛みの回避を目的にしたこの適合ＯＳの中に生きています。このＯＳに気づかないまま生きる上で最も残念なのは、この回避行動からつくり出される現実は、どんなに回避行動を卓越させていったとしても、必ず回避したいと思っていた痛みを再生する「不本意な現実」がなくならないどころか、同じ痛みのパターンを繰り返し、エスカレートしていくということです。そしてそのパターンは毎回「やっぱり〇〇だ（〇〇にはその人の痛みを切り離すための信念が入ります）」という結末になります。

ＯＳのアプリケーションともいえる回避行動は、能力の向上とともに卓越していきますが、このＯＳが進化の過程で限界を迎える時期になると、この不本意な現実が徐々に無視できなくなるような事象に発展したり、自分の中にある漠然としていた違和感がエスカレートしたりします。それでも自分の内側を見つめ直せずに同じ回避行動を取り続けると、破綻や崩壊ともいえるような結末を招きます。

この不本意な現実を生み出し続ける適合ＯＳは、無自覚な信念「メンタルモデル」から生み出されているため、通常では自分がそのようなＯＳに動かされていることを顕在的に意識することはできません。

そこで、無自覚に自分の中で駆動しているものに気づくために、「起きている不本意な現実」から、この無自覚な信念「メンタルモデル」に基づく「適合ＯＳ」を観ていくことにします。

私たちは顕在意識で思考と言葉を使います。思考は言葉を使って真実を偽れます。言葉を使った瞬間に真実は偽ることができます。なので、ここでは現実に起きているありのままの「事象」を真実として捉え、自分を観る材料として使います。「起きている現実」、これがすべての現れであって、人間がそのことについて思考を交えて描写している言葉はあてになりません。だから、起きている事実だけをまずできるだけ簡潔に、ありのままに観ます。

「適合OSを可視化する」ワーク

あなたに起きている不本意な現実を一つ決めてください。

不本意な現実

❶ ひと言でいうと、つまり何が起きていますか
❷ その何が不本意／残念ですか。

回避行動

❸ その不本意な現実をつくり出すために
あなたが無自覚にやっていることは何ですか？

克服　逃避

信　念

❹ そうせざる得ないんです…
だって◯◯だから（◯◯に言い訳を入れます）

◯◯なのは、だって××だから
（だって… だからを繰り返す）

メンタルモデル

❺ ◯◯（信念）なのは、「私が◯◯（何）」だからですか？

痛 み

ここには「私は◯◯だ」が入ります。

気づき

※ワークシートはデータをダウンロードできます。詳しくは 12 ページをご覧ください。

ワーク

――「適合OSを可視化する」ワーク――

それでは「適合OSを可視化する」ワークに記入してみましょう。

まず、あなたに今起きている「本当はこうじゃないはずなのに」という不本意な感覚（失望、違和感や不快感など）を覚える、自分に起きている出来事をひとつ選んでください。もし、「なんでいつもこうなっちゃうんだろう」というパターンとして繰り返し起きている事象があるなら、それを扱うことをおすすめします。パターンとして起きていることが思い浮かばなければ、直近で思い当たるどんな些細なことでも大丈夫です。

その不本意な現実を、ひと言でいうと、つまり何が起きているとあなたは認知していますか。また、その何があなたにとって不本意（残念な感じ）ですか。ワークシート『❶ひと言でいうと、つまり何が起きていますか』『❷その何が不本意／残念ですか』欄に記入してください。

何が不本意なのか？

「適合OSを可視化する」ワークの『❶ひと言でいうと、つまり何が起きていますか』『❷その何が不本意／残念ですか』欄に、あなたが書いたことを観てください。

内省のための問い

① 本当にはその起きていることの何が不本意ですか？

② その不本意さを味わってみると、どんな感じがしますか？

改めて気づいたことを、ワークシート『気づき』欄に記入してみてください。

振り返りのポイント

不本意な現実を人に伝えるときに、私たちは大抵の場合、「こんなことがあって、こうで、ああで…」という描写したストーリーを語ります。不本意なことが起きると、私たちの顕在意識は、起きたことを客観的に思考で描写して自分と切り離すことで、その不快な感情を主観的に感じなくて済むようにします。不本意な現実が起きているときには、その裏に必ず、不快感、痛みがあります。顕在意識は常にそれを避けようして働いているため、この顕在意識の思考と描写の中にいると、自分の潜在意識にある痛みから自分を守るためにつくり出した無自覚な信念にアクセスすることはできません。

不本意な現実が起きたときに大事なのは、自分がその起きたことの「何」を不本意だと感じているのか、です。私たちは普段は、顕在意識の思考に埋もれていて、実際には起きていることの何が不本意なのか、を感覚的に自覚できていません。

自分にとっての不本意さを明確にするために、自分にとって何が不本意なのかを改めて観てみます。起きていることを、ひと言でいうと「何が起きた」と認知しているのか、そして、その「何が自分は不本意／残念なのか」を感じてみることで、何が不本意なのかが自分の中ではっきりします。まずは、「何が起きているのか」、そして「その何が不本意であるのか」を明確にしていきましょう。

そうすべき、ねばならない、など、正しさ・社会規範・常識などの外側にある基準で描写された思考ではなく、あなたの中で本当に不本意であると感じていることにフォーカスすることが最初のステップになります。自分ごととして本当に不本意さを感じられる何かが、あなたの中にあるのです。

例えば、起きた出来事を

「すぐにメールの返事がこなかった」

と書いたとします。

その何が不本意かについて
「人の依頼にはすぐに応えるべきだから」

と浮かんだとします。これは一般的な社会規範の正しさ、「べき論」を表現しています。

そこで止まるのではなく、

「早く返事がないことに不本意さを感じるのはなぜか？」を感じてみると、

「私が大事にされてないと感じるから」

というように、思考の言葉ではなく、自分が何か内側の痛みに触れることを感じられる、自分の奥から何か言葉が出てきます。

ワーク

――「適合OSを可視化する」ワーク――


ワークシートの『不本意な現実』の振り返りを受けて、ワークシートの『❸その不本意な現実をつくり出すために、あなたが無自覚にやっていることは何ですか？』欄を記入します。

「もし、その不本意な現実を自分でつくり出しているとしたら」という視点から、「もしそうだとしたら、自分のやっていることでこの不本意な現実をつくり出すことにつながっている、加担している行動として、何か思い当たることはあるか」を観てみてください。これは、あなたのせいで起きていると言っているわけではありません。「仮にそうだとしたら」という仮定で、頭で考えずに、問いを自分に投げかけたところから直感的に浮かんでくること、思い当たる行動を書いてみましょう。

不本意な現実には、必ず何かしらそれに寄与している行動があります。あなたがやっていること、もしくは敢えてやらないようにしていることを観てください。

行動は、1つか2つ思い浮かべば十分です。複数思い浮かぶ場合は、いくつか書いてもかまいません。

現実はあなたの行動がつくり出している

「適合OSを可視化する」ワークの『❸その不本意な現実をつくり出すために、あなたが無自覚にやっていることは何ですか?』欄に、あなたが書いたことを観てください。

内省のための問い

① その不本意な現実をつくり出すために、あなたが実際にやっていたことは何ですか？

② 敢えてやらないようにしていることはありますか？

改めて気づいたことをワークシート『気づき』欄に記入してみてください。

振り返りのポイント

普通私たちは、不本意な現実は自分とは何も因果関係がなく、「起きてしまったこと」として捉えます。

ここでは、自分が体験する不本意な現実は「**自分でつくり出している**」という視点で捉えます。

起きている現実や体験がどれだけ不本意だとしても、すべては自分がつくり出しているという観点に立ってみます。人間は、潜在意識にあることから観てみると、どんなときにも完全に内側の世界に一致して合理的に行動しています。なので、その内的世界を理解できれば、人のどんな行動も必ずそこに合致していることがわかります。ゆえに現実に起きていることはすべて内側から自分がつくり出していると捉えます。

顕在意識では、今起きている現実がとても不本意であり、その不本意さにもっともな理由づけをしていますが、潜在意識的には起きていることは完璧なのです。不本意な現実が起きるから、私たちは自分の内側にある無自覚な〝何か〟に気づき、そこに意識を向けられることで、それまで無自覚だった内側にあるものに気づくことができます。不本意な現実は、自分を統合していくことを目的とする進化の視点からみれば、自分の無自覚な部分に光をあて、統合するための機会なのです。

現実に起こる体験を「自分がつくり出している」というところに立って観てみてください。「自分が不本意な現実をつくり出している」という考え方に同意する必要はありません。「自分がつくり出しているとしたら」どう見えるのか、というところからワークに取り組んでみてください。現実を「自分に関係なく起きている」と切り離すのではなく、自分とつなげて観ることで、自分について気づけることが必ずあるのです。

通常は、不本意な現実は自分に関係なく「起きてしまった」こととして、被害者的で受け身的な立場から描写されています。まずは「❶ひと言でいうと、つまり何が起きていますか」を「自分がつくり出している」という表現に置き換えてみてください。

例えば、「依頼したことに返事がないこと」が不本意な現実だとします。

これを「自分がつくり出している」という立場から観てみると、

例えば、「相手に返事をしにくくさせているかもしれない」というように捉えます。

「自分が相手に返事をさせていない、という視点に立つと、何か思い当たることはないか」

「相手がなかなか返事をしない状況を自分がつくり出しているかもしれない、としたらどんなことが思い浮かぶか」と自分に問うてみてください。

別の例だと、不本意な現実として自分が認知していることが

「やりたいことができないこと」だとします。

これを「自分がつくり出している」という観点に立つと

「やりたいことをやらない、を無自覚に選んでいる」というように捉えます。

普通は「そんなこと、あるわけがない」という抵抗が出てくると思います。抵抗があるのは当然です。これは自分のせいにして自分を責めたり、決めつけたりしたいわけではありません。

「仮に自分がつくり出しているという視点に立つと、何が観えるのか試してみよう」

という、遊ぶような軽いスタンスでやってみるのがコツです。

この視点でみたときにはじめて

「返事がないこと」という不本意な現実に対して、例えば

■ 回避行動の種類

克服優位	逃避優位
・努力して克服しようとする	・不安・恐れが強く逃避する
・力で攻める ○ 勝負する ○ 達成する ○ 能力を上げる / 見せつける / 証明する	・逃げる / 避ける ○ 勝負しない / 負けを避ける ○ やらない / やらない理由を見つける ○ 隠れる / 目立たないようにする
・文句を言う / 主張する	・言い訳する / 隠す / ごまかす
・要求する（なんで〇〇しないの？）	・調和的（不快にさせたくない / なりたくない）
・外に向かってエネルギーを使う（行動が増加する）	・内に向かってエネルギーを使う（結果、ぐるぐる逡巡する）
⇒ 行動が目に見えるので、社会的に評価されやすい	⇒ 内側にあることが見えないため、社会的に評価されにくい

「1カ月、何も連絡せずにただ返事を待っている」

というような、その現実をつくり出している自分の何らかの行動があることがみえてきます。

返事を催促してみる、電話してみるといった、返事をもらえるような行動をとることが能力的には可能であるにも関わらず、自分がこの不本意な現実をつくり出す行動を無自覚に選んでいることがだんだん見えてきます。

顕在意識で自分のとっている行動にどれだけ正当な理由づけをしていたとしても、今起きている現実が不本意であるならば、その不本意な現実をつくり出す行動には生存本能に適った合理的な理由があります。

それは「痛みの回避」です。「痛み」の体験とは、「自分の内側でこの世界にあるはずだと思っていたものが、自分が生まれたこの世界にはない」という欠乏・欠損の体験です。あなたの行動パターンは、自分の内側にある「痛み」を無自覚に避けるために自動的に生み出されているものなのです。だからこの不本意な現実をつくり出す行動を、ここでは「回避行動」と呼んでいます。

回避行動には2パターンの克服型と逃避型があります。

克服は「痛みを避けるためになんとかしようと（努力）すること」、

逃避は主に「痛みを避けるために敢えてやらないように避けていること」です。

あなたの回避行動が「なんとかしようと（努力）すること（克服）」に当てはまる場合は、

「それを、どのようにやっているのか？」

と問うことで、自分の回避行動に対する理解（何があるのかに気づく）をさらに深めることができます。

「敢えてやらないように避けていること（逃避）」に当てはまる場合は、

「それをあえてしない代わりに、何をしている？」

と問うことで、自分の回避行動に対する理解をさらに深めることができます。

では、どうしてその不本意な現実をつくり出す行動をとっているのでしょうか。行動の裏には、必ずその行動を動機づけている自分の信念があります。ここからは、回避行動を生み出している自分の内側にある無自覚な信念を観ていきます。

ワーク

――「適合OSを可視化する」ワーク――

ワークの『回避行動』の振り返りを受けて、ワークシートの『❹そうせざる得ないんです…だって〇〇だから』欄を記入します。

不本意な現実をつくり出している行動に対して、

「そうせざるを得ないんです…だって〇〇だから」

という文を使って、〇〇に入る言い訳の言葉を入れてください。この「〇〇だから」に行動を生み出しているあなたの何かしらの信念が出てきます。ここで出したい信念は、べき論やねばならないといった正論や常識的な規範といった外側にある一般論ではなく、内側にある無自覚な自分固有の信念です。潜在意識にアクセスするために頭で考えるのではなく、「だって仕方ないよ、〇〇だもん」と子どもが言い訳をするように、内側から出てくるままを書き出してください。

「〇〇だから」が出てきたら、それに対して

「〇〇なのは、だって××だから？」

と、さらに「だって」を繰り返して深めていきます。

「だって何だから？」という問いを繰り返して、自分が持っている信念に気づき、それを出てきた順に書き出してください。

信念を観る

ワークシート『❹そうせざるを得ないんです…だって◯◯だから』欄に、あなたが書いたことを観てください。

内省のための問い

① 「だって◯◯」には、どんな言い訳が入りましたか？

② 「だって…」を繰り返していくと、どんな言葉が出てきましたか？

③ 繰り返していくと、言葉にすることに抵抗が出てくるかもしれません。その抵抗の奥

には何がありますか？　感じてみてください。

④　あなたが本当に避けようとしていることは何でしょうか？

改めて気づいたことをワークの『気づき』欄に記入してみてください。

振り返りのポイント

ここでは、自分がなぜその回避行動をとっているのかを観ていきます。つまり、あなたのどんな無自覚な信念が、その行動を生み出しているのかを明らかにします。

「〜をすることはいいことだ」「普通そうするのが当たり前だろう」というように、回避行動は、通常は顕在意識の思考によって正当化・意味づけされています。正当化は痛みを回避する思考の働きであり、正当化の奥には必ず何かしらの痛みや怖れがあります。回避行動は、この痛みを感じなくても済むように自分がつくり出した無自覚な信念から生まれています。だから、やっている行動がどれだけいいことだ、正しいことだ、と正当化され、その行動によって効力感や達成感が得られていたとしても、本質的には痛みを回避しようとしているだけなので、どこかで自分にとっては本意でない現実が体験としてつくり出されていくのです。

回避行動に対して、「なぜその行動をとっているのか」と問うと、普通は顕在意識の思考による正当化（「〜すべき」「〜でならねばならない」「〜するのがいいことだから」「〜したいから」、など）が出てきます。正当化は自分の奥にある痛みから分離している顕在意識の思考なので、この意見を真に受けていても、潜在意識にある自分が痛みを避けるためにつくり出した、自分の無自覚な信念に近づいていくことはできません。

潜在意識にアクセスするために、あなたがとっている回避行動に対して、

「それをやっているのは〝だって○○だから〟の、○○に何が入る？」

と問います。

「だって○○なんだもん！」は子どもがよく言い訳に使う言葉です。子どもは自分の中にあるものに正直です。この「だって」という言葉によって、私たちは思考にブロックさせずに、内側で感じている真実にアクセスすることができます。

この「だって○○だから」を、思考の正論にブロックされずに繰り返して掘り下げられると、あなたの奥にある、あなたの抱える「痛み」へと近づいていきます。

例をみてみましょう。以下のような回避行動をとっているとします。

「1カ月返事を待っている」

「こちらから連絡をしない」

それに対して、

「そうせざる得ないのは　〝だって○○だから〟？」と問います。

そうすると
例えば「しつこいと思われてしまうから」

というような、理由（正当化）が出てきます。しつこいと思われる、は、その人の中で何かしらの痛みを誘発するということです。そこから「だって何だから？」とさらに問います。

「しつこいと思われたくないのは、だって何だから？」

「だって、嫌われちゃうから」

こうやって繰り返すことで、内側にある無自覚に避けている痛みへとだんだんと近づいていきます（この例では、「嫌われる」という関係性の分離が痛みです）。

また、回避行動から「痛み」に近づく問いとして
「～（克服型の回避行動）をしないと、どうなると思っている？」

「～（回避行動）をしないと何が困るの？」

「～（回避行動）をすることで、決して起きてはいけないことは何？」

「～（回避行動）をやっているから、避けられていると思っていることは何？」

という問いもあります。これらの問いによって、自分が何を避けようとしているのかに

気づくことができます。

こういった問いを繰り返すことで、自分の中にある痛みを避けるためにつくり出した無自覚な信念を顕在意識に浮上させていきます。

回避しようとしている痛みは、過去の何かしらの体験に紐づいています。「過去に同じような痛みを感じた経験はありますか？」と問いかけることも痛みの理解につながります。その痛みが出てきたときに、過去にあった出来事や体験の記憶を自然に思い出すこともよくあることです。それを自然に思い出し、今の自分の器で改めて感じてみることも大切なプロセスの一貫ですが、過去にあったトラウマのような体験を無理に思い出そうとする必要はありません。痛みはずっと「今」の中に存在し続けているからです。

ワーク

――「適合OSを可視化する」ワーク――

ワークシートの『信念』の振り返りを受けて、ワークシートの『❺○○（信念）なのは、「私が○○」だから』欄を記入します。

自分の信念を「だって○○だから」を使って深掘りしていくと、一番深いところにある信念「メンタルモデル」がみえてきます。根本にある信念は「私が○○だから」という自分自身に対する信念です。

❹で出てきた信念が、あなたにとって「そうである」と信じて疑わない信念であるのは、「私が何」だからですか?『❺○○(信念)なのは、「私が○○(何)」だからですか?』の○○に当てはまるあなたの言葉を書いてください。

適合OSとメンタルモデル

ワークの『❺○○(信念)なのは、「私が○○(何)」だからですか?』欄に、あなたが書いたことを観てください。

内省のための問い

① 今回あなたがたどり着いた、一番深いところにある信念(私は○○だ)は何でしたか?

②「私は○○だから」というメンタルモデルからどんな信念、どんな行動がつくり出されていますか？

改めて気づいたことをワークシート『気づき』欄に記入してみてください。

振り返りのポイント

❹で「だって○○だから」を繰り返して信念を掘り下げたように、ひとつの信念の奥にはより根本的な信念が階層構造のように存在しています。この階層構造の一番奥にある信念が、あなたの回避行動を生み出し、不本意な現実の源になっている「メンタルモデル」です。

適合OSの中で一番強力な信念は、自分自身についての

「私は○○だ」

というI amの信念です。私が何であるか、は私の無自覚な信念が規定しているのです。

人間は、個として分離した固有の肉体を持っている以上、誰もがこの世界に生まれて何

■ 適合OS（メンタルモデル）

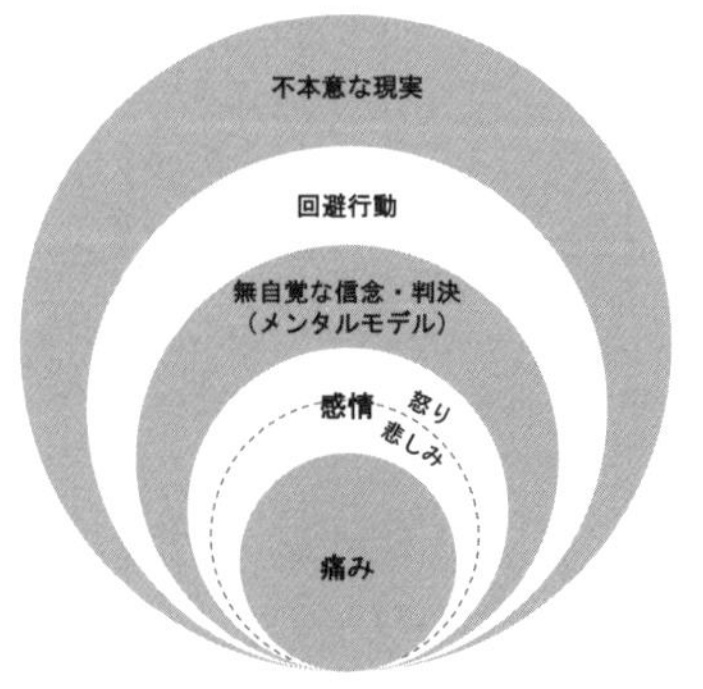

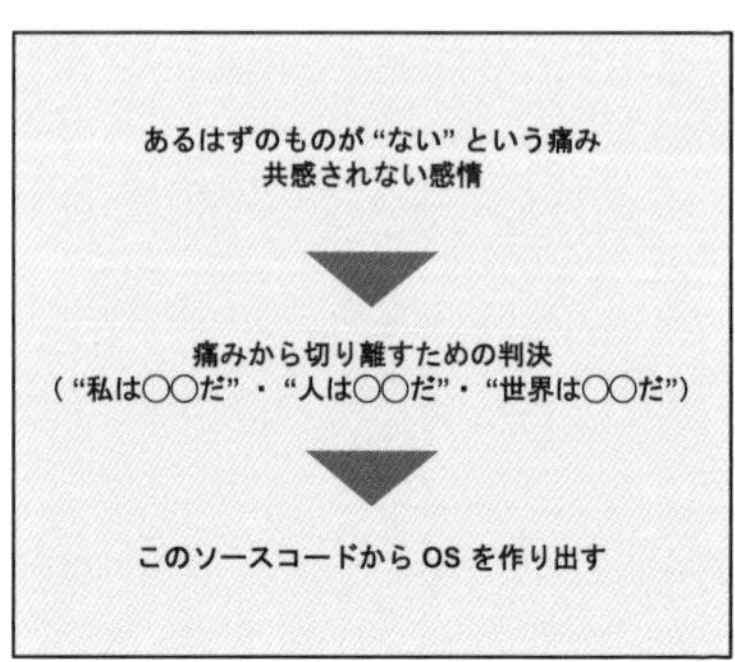

かしらの「痛みを感じる」という絶対に避けられない体験を持っています。「痛み」の体験とは、「自分の内側でこの世界にあるはずだと思っていたものが、自分が生まれたこの世界にはない」という、無力感から下された欠乏・欠損の判決です。

この体験は人間であれば誰しもが通る過程なのですが、そのときに湧いてくる悲しみや怒りといった不快感情を感じ続けると痛みが続くので、その不快感をなんとか切り放そうとする衝動が、思考を使って自分と起きた事象を切り分け、その痛みが起きた理由づけをすることによって、この痛みから自分を切り離す、ということが無意識で起こります。

その時に、自分自身に対して「判決」となる

『そうなってしまうのは「私が○○だから」』がつくり出されます。この無自覚な「I

am」の信念を「メンタルモデル」と呼びます。

この痛みから切り離すための自己判決・信念は、誰もが持っています。あなたにはどんなメンタルモデルがあるのかをぜひ探求してみてください。

あなたの人生に繰り返し起こっている不本意な現実として思い当たることはあるでしょうか。

そのパターンが繰り返される度に、「やっぱり○○なんだ」という信念が強化されてきたはずです。あなたが、適合OSに無自覚なうちは、どんなに卓越した回避行動をとっていたとしても、必ずその判決が結末として再生される不本意な現実が、自分の人生に起こります。痛みへの抵抗としての回避行動が能力の向上とともに卓越すればするほど、この不本意な現実も、最初は無視できる程度だったのが徐々に無視できなくなるような事象にエスカレートしていきます。

この「やっぱり自分は○○だ」の「○○」には、あなたがメンタルモデルとして持っている特定の言葉が入ります。生存適合OSは完全に個人特有で、それぞれどんな固有の言葉をメンタルモデルとして持っているのか、そしてどんな回避行動をとっているのかは、その人固有のものがあります。「○○」に入る言葉は過去のどこかで無自覚に自分に下した判決・信念です。

痛みに触れないようにつくり出したメンタルモデルを形成しているその言葉は、あなた

■ 痛みを守るシールド

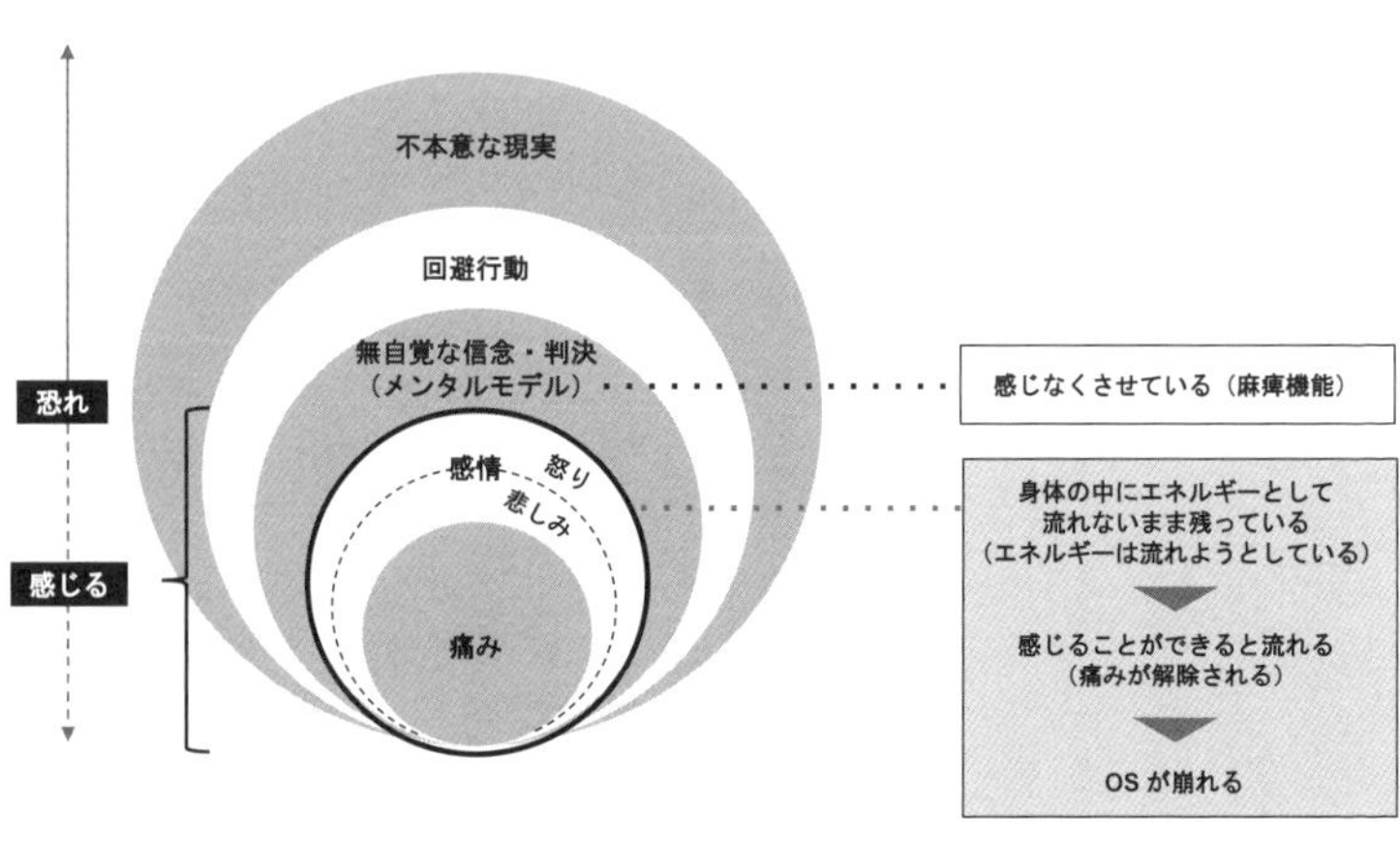

が自分の生きるこの世界を規定し、固定化させた言霊です。一人ひとりの生存適合OSを紐解く目的は、まるで自己呪縛のようなこの言霊を見つけ、そのエネルギーが持つ影響力を解除することにあるともいえます。

その言霊をあなたの中でゆっくりと時間をかけて探していってください。その言葉を自分で声に出して感じると、自分の奥にある痛みが触発され、涙が出てくるような感覚になる言葉にどこかでたどり着くかもしれません。

この「言霊」が、その人の内側の根幹にある痛みと、そこにある悲しみや怒りといった封印している感情につながることができるドアの鍵になっています。過去の痛みや不快な感情が凍結されている、その内側を感じることから封印してきた鍵を、自分の口から音として発して「感じる」ことによって、長年感じないようにマヒさせてきた世界の封印が解かれる、という作用が起こります。これがメンタルモデルを紐解く理由です。

この封印解除の作用が、人の内的変容への扉になります。なぜなら、痛みを感じないようにすることで、思考によって強化されてきた回避行動に駆り立てる内側のエンジンは、この言霊を発見し、身体で感じられる体験を通してその動力がゆるむからです。それ以降、この深い痛みに通じているすべての痛みを感じても大丈夫だ、抵抗しなくてもいいのだと赦される器への自然な変容が始まります。

回避行動に駆り立てていたエンジンの駆動力がこの抵抗が薄まってゆるむことで、自分の中にある不快な感情や痛みを「感じられる」、「感じてもいい」という状態へと、徐々に内側は変わっていきます。そして、痛みや不快な感情を味わいたくない、と強い抵抗から回避行動へと自動的に駆り立てていた内側のエンジンは、その力を失っていくのです。

COLUMN

感じることでメンタルモデルを解除する

メンタルモデルには、痛みを覆っている怒りや悲しみという長年凍結した感情のシールドがあります。その感情を感じられるとシールドが解けて、痛みの領域が解除されます。つまり、痛みが起きることがあってもいいと受け入れられるようになります。

それが起こると、適合OSは自動的に駆動できなくなります。痛みとそれを守る感情を二度と味わわないように分離させているのがメンタルモデルです。適合OSは、痛みの体験の再生に抵抗し、それを回避する行動をつくり出すプログラムです。痛みを覆っている感情を再び感じること、それを生じさせる体験が起きることが「怖れ」となり、この怖れから回避行動が量産され、最も有効だと認識された行動が繰り返されてパターン化していきます。

生存適合OSの中の回避行動以下の階層は、内側の感じる世界にあります。

感じる世界でそれまで思考を使って分離してきた「内側にエネルギーとしてあるもの」を感じてしまうと、生存本能・思考の世界のメンタルモデル・適合OSをシステムとして支えていた抵抗の基盤が崩れて、適合ＯＳは特定の体験を現実からなんとか排除しようとする機能を維持する必要がなくなります。

感じる世界を取り戻さないとメンタルモデルを扱うことはできません。固定した信念によって分離を維持し、そこから現実をつくり出すシステムは同じ生存本能の自我の意識からでは崩すことができないのです。

感じられないまま意識から分離された感情のエネルギーは、長年にわたって身体に蓄積されています。エネルギーは意識を向けるとそこに動きが起こって流れますが、意識から分離させてそれを感じられないと、エネルギーとして留まります。不本意な現実は常にこの分離されている感情エネルギーを触発し、そこに意識を向けることを促しています。エネルギーは流れている状態が自然であり、人間がそれを感じようとしないまま無意識下にマヒさせ、滞留させることは、命として不健全なのです。あるものをあるがまま感じられること、どんな体験も人生から排除しようとせず、命を信頼して開いていられることが、人間としての本来の自然な姿なのではないでしょうか。

適合OSの「旨み」と「代償」に気づく

あなたの人生に今起きている不本意な現実からメンタルモデルを紐解くプロセスによって、適合OSを可視化し、俯瞰できる状態になってきたでしょうか?

内省のための問い

① あなたの信念は、どんな痛みからつくり出されていますか?

② その痛みに紐づく過去の体験で、何か思い出すことはありますか?

③ この信念を元にパターン化した回避行動を続けていることで、どんな旨みを得ていると思いますか?

④　この信念を元にパターン化した回避行動を続けていることで、知らないうちに失っている代償は何ですか？

改めて気づいたことを「適合ＯＳを可視化する」ワークの『気づき』欄に記入してみてください。

このワークを通して、不本意な現実を生み出し続ける、内側にある回避行動のパターン、痛み、メンタルモデルを構造として俯瞰できることが大事です。改めて、自分の適合ＯＳの全体構造を観てみてください。

あなたにはどんな「痛み」があることに気づきましたか。

痛みは過去の何かしらの体験に紐づいています。

「過去に同じような痛みを感じた経験はあるか？」

と自分に問うことで、自分の痛みをさらに深く理解することができます。

「自分はこの痛みを避けるために行動しているのかもしれない」という視点で、改めて自分の回避行動を捉えてみてください。自分が普段から繰り返しやっていることで不本意な現実につながっている行動パターンがあるはずです。それを書き出して観てみてください。

このように適合OSの全体像を明確化し、俯瞰できるようになることには大きな意味があります。この構造を変えようとして何か課題解決的な行動をとろうとしたり、回避行動をしている自分を責めたりする必要はまったくありません。あなたがその適合OSを問題視して変えようとしても、それ自体が回避行動となるため、そこから変える力は持てません。

この構造を理解しても、不本意な現実がすぐなくなるわけではありません。しかし、この構造が観えていると、あなたが回避行動をとっていたり、不本意な現実を体験したときに気づくことができるようになります。時間が経つにつれて、「あ、また同じことをしている」という気づきが積み重なり、行動しようとするその瞬間に立ち止まることができるようになります。「また同じことをしている」という気づきが続くと、次に「うんざりしてくる」という感覚がやってきます。これを繰り返しているうちに「もうこんなのいやだ」「むなしい」という限界を実感するようになります。

この感覚が出てきて、はじめて別の選択肢につながる可能性が出てくるのです。

回避行動は生存本能的な報酬があり、効力感や達成感といったその行動から得ている「旨み」を必ず享受しています。

その行動をどのように正当化（いいことだ、正しいことだ、これは自分がやりたいことだから、人や社会のためだ、などの理由づけ）しているでしょうか。

その行動をしていることで自分が得られている旨みは何でしょうか。

顕在意識としては起きていることが不本意だとしても、回避行動をとることでどんな旨みがあるのか、その行動を通してどんなメリットがあると思い込んでいるのか、を観てみてください。

旨みを得ていることに無自覚かもしれませんが、それがない限り回避行動は長年にわたってパターンを持続できません。ここでも人間は完全に合理的に機能しています。

「旨み」を得ている一方で、あなたが知らないうちに払っている「代償」もあります。この代償について、大抵の場合は完全に無自覚になっていますが、この代償にも気づく必要があります。

あなたが回避行動を続けているということは「旨み」が「代償」を上回っていると思っていることになります。この状態にある限り、あなたが顕在意識でどれだけ回避行動のパターンを変えようとしても、それを変えることはできないのです。

回避行動を繰り返すことで、自分の痛みに触れなくて済むはずだと無意識に思い込んでいますが、その目的は痛みを避けることにあるので、それによって本当の意味で自分が満たされることはありません。痛みを避けられている気になれても、その痛みは自分の内側にあるものなので、その痛みに触れるようなことが起きたらどうしよう、という不安や怖れは決してなくなりません。自分が満たされることなく、痛みの再来への不安を内側に抱えたまま、回避行動だけを繰り返して、人生を終えていくとしたらどんな感じがするでしょうか。

あなたが「虚しさ」を感じているならば、何かの「代償」を感じているということです。あなたがこのＯＳに使われることで、失っていること、払っている「代償」は何ですか。

今は、旨みが代償を上回っていると思い込んでいるかもしれません。でも、時間軸を伸ばして考えてみてください。

このまま回避行動だけを繰り返して死んでいくとすると、この肉体の命が終わる時にどんなことを感じると思いますか。何と言ってこの人生を終えていく感じがするでしょうか。

メンタルモデルの痛みの奥にあるあきらめきれない「願い」

あなたの「痛み」の体験とは「自分の内側でこの世界に〝あるはず〟だと思っていたものが、自分が生まれたこの世界には〝ない〟」という欠乏・欠損の体験です。ここでは、この痛みの原因となっている〝ない〟に注目するのではなく、〝あるはず〟というその裏にあるあなたの願いを観ていきます。

内省のための問い

痛みの奥にある、あなたが〝あるはずだ〟とあきらめきれない願いは何ですか？

気づいたことをワークの『気づき』欄に記入してみてください。

振り返りのポイント

「痛み」の体験とは、「自分の内側でこの世界に〝あるはず〟だと思っていたものが、自分が生まれたこの世界には〝ない〟」「それは自分にはどうしようもない」という幼い頃の欠乏・欠損の体験です。私たちは、必ずこの自分がこの世界に求めている大切なものが〝ない〟痛みを抱えています。その痛みは、一人ひとり固有の体験から感じているもので、誰もがその痛みを抱え、その痛みの感覚は人生のさまざまな体験を通して疼き続けます。

何をしても痛みが消えることなく痛みが疼き続けるのは、なぜでしょうか。この世界にそんなものありはしない、と諦めたらいいのではないでしょうか。残念ながら、私たちは生きている限り、どうやらそれを諦めきれないようです。誰もが、自分の内側でこの世界に〝あるはず〟だと思っていたことを〝ない〟ことにはできないのです。諦めきれずに「それがあるはずだ」と願い続けているから、痛みは内側で疼き続けるのです。諦めきれないからこそ痛みがなくなることはなく、〝あるはず〟だという強い願いを痛みとして握りしめ続けるのです。

「これが〝あるはず〟だ」という自分の魂の願いを、人は決して諦めきれません。それは、その〝あるはずだ〟という「願い」こそが、その人の内側に「あること」（真実）であり、「それは〝ない〟」というのは、外側にそれが欠落しているのに何もできない無力感の痛み

■ 情熱と痛み

情熱（PASSION）	痛み（PAIN）
	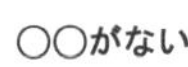
「ある」という内側の真実に立つ	痛みを再生させ思い出そうとする
その真実を外側の世界に現実として創造する	痛みに抵抗し回避しようとする

を切り離すためにつくり出した概念だからです。人間は、自分の中に「あること」（真実）には抗えません。内なる真実を諦めきれないようにつくられているのです。なぜならば、その幼少期の無力感を伴う痛みから、自分はこの世界で何をつくり出したいのかを思い出し、その諦めきれない、あるはずだと信じている世界を、この現実に創造する創造者へと進化していくことが人間の本質だからです。

あなたのメンタルモデル「○○がない」という世界の裏側には、あなたがもたらしたい「あるはずのもの」が〝ある〟のです。

この外側の世界にその願っている「あるはず」の世界をつくり出すことが、あなたの痛みとメンタルモデルが教えてくれている、自分の魂の願い・人生の目的です。

あなたが、諦めきれない「願い」は何ですか。
あなたの内なる「真実」は何ですか。

「痛み」を感じるということは、同時に「願い」を感じるチャンスでもあります。その願いにつながることができると、その痛みを体験してしまう怖れがあったとしても、その痛みの体験があってもいいと受け入れることができるようになります。

適合OSでは、痛みはあってはならないものになっています。痛みに触れそうになると条件反射のように回避行動が駆動しています。それは過去の成功パターンの踏襲となるので、一定の回避行動がどんどん強化され、能力とともに遂行能力は卓越していきますが、そのパターンから外れた行動をとることはいつの間にかできなくなります。

自分の願いにつながって「痛みはあってもいい」と思えると、回避行動以外の選択の余地が生まれてきます。

その痛みがあってもいいと思えたら、あなたの諦めきれない願いをこの世界に現すために、あなたはどんな行動ができますか。

何を選択しますか。

どんな自己表現をしたいのでしょうか。

全体の振り返り

全体を振り返って、ワークシートに自分が書いたことを改めて観て、感じることをワークの『気づき』欄に記入してみてください。

ワーク全体の内省ポイント

メンタルモデルからつくられる生存適合OSに無自覚なうちは、自動的に痛みの回避行動に埋め尽くされた人生になります。実際には誰も自分の人生がこのように自動化されたシステムとパターン行動の中にあるとは思っていません。そして、不本意な現実が耐え難いレベルになるまではこのシステムを変えようとはしません。自分のメンタルモデルと、このOSの構造が俯瞰して観えるようになると、現実に起こる不本意な現実に対する認知に変化が起こり、自分の行動を俯瞰して観られる内省力を身につけることができます。

そして、反応的にその回避行動に駆り立てられるのではなく、それまで回避行動に注がれていた抵抗のエネルギーが解放され、これが〝あるはず〟だ、と自分が願う世界をまず自分が生き、それを表現するための行動に向けられるようになります。

その自分が望む、これが〝あるはず〟だという願いが何かをずっと教えてくれているものが、私たちの誰もが抱えている固有の「痛み」です。だから、自分の痛みを感じ、理解することが自分の人生の目的の理解になります。

しかし、今、私たち人間は、痛みをできるだけ感じない人生を望み、それを避けることにエネルギーをすべて集中させています。人間が自分の痛みにつながり、その意味を知的に理解し、その扱い方を抵抗から受容に変えることが、この世界の進化につながります。痛みは、私たちが望む現実創造への「情熱」として扱えるのです。

痛みがあってもいいものだと思えれば、人間は怖れから解放され、どんな体験にも開くことができるようになります。人生に起きることすべてをただ味わい、その体験から学び、進化していくことができます。痛みの体験に抵抗し避け続けることで、私たちはこの世界における命としての体験を制限づけてしまいます。

痛みを感じることとは、自分の「願い」を感じること。痛みがあるからこそ、私たちはその奥にある自分の本当の人生の目的、創造者としての可能性につながることができるのです。

私たち一人ひとりが持っている「自分の内側でこの世界に〝あるはず〟だ」と思っていること、自分の魂の願いを人間は決して諦めきれません。痛みが疼き続けるのは、諦めきれずにその魂の願いを抱え続けているということでもあります。その願いは痛みの疼きを通して、不本意な現実を創造し、ずっと思い出してもらえるのを待っています。

私たちがこの世界でこの願いを叶えようとしても、痛みがなくなることはないのかもしれません。でも痛みは、諦めきれない情熱として自分の中で駆動させ、その情熱から生きることもできます。

自分はその願いを諦めきれない。それを認めることが、痛みを受け入れることと同意義です。

痛みを受け入れるのは、楽になるためではありません。あなたが痛みを受け入れるのは、あなたの真実を受け入れるためです。痛みを受けて立ち、真実から生きられることが本当の人間の幸せなのではないでしょうか。それは決して楽で快適な道のりではないでしょう。でも、人間は誰もが自分の内側にある情熱から、本当にはあるはずだと自分が信じていた世界を現実につくり出す「創造者」として生まれてきています。

一人ひとりがそのように生きる可能性に目覚めていくことで、この世界はより命満たされる方向へと進化していくのではないでしょうか。

12章のまとめ

- 痛みを切り離すためにつくり出した信念「メンタルモデル」→回避行動→不本意な現実。これが適合OSの構造。
- 「不本意な現実を自分がつくり出している」という観点から観ることで、適合OSの源となっているメンタルモデルを掘り下げていくことができる。
- 自分の痛み・メンタルモデルを俯瞰して理解することで、あきらめきれない魂の願い・自分がこの世界にもたらしたい真実につながることができる。

あとがき

「私はどう生きたいのか？」
「自分はなぜ生まれてきたのか？」

人生を生きていると、いつかどこかでこの問いが湧き上がります。そして、自分を知りたい、自分のことを理解したいと思います。このワークブックを手にしているあなたも、きっとそんな問いをお持ちなのではないでしょうか。

本書で分かち合われた自己内省の叡智であるワークは、皆様と同じようにこのような問いに動かされてそれを探求しようとする多くの方々と共著者 由佐美加子の対話を通して生まれました。

僕にこの問いが来たのは、20代後半の時でした。

その頃から僕は自分を生きることを渇望しながら、でも自分が何を願っているのかが分からず、悩み、踠き、何をやっても満たされず、空虚な感覚の中でそこから15年以上を生きることになりました。身体にも支障が出て、もうこの生き方を続けるのは限界だ、と感じていた時、僕はこの叡智と出会い、自分を知ることの本質とは何かを理解し、自分がなかったことにしていた自分の内側にある情報とつながっていく旅路を歩くことができました。本書は、その旅路を導いてくれた叡智とプロセスを体系化しています。

私たちは、小さい頃から「何をしたいのか？」とよく問われています。

「将来、どんな職業につきたいのか？」

「どの学校に行きたいのか？」

「どんな会社に入りたいのか？」

誰もがこんな問いを問いかけられ、それに答えられないと何か自分はダメなんじゃないか、という感覚になります。

20代後半までの僕は、これらの問いに忠実に応えながら、その中で自分のやりたいことをやって、自分がなりたかった自分になっていたつもりでした。いわゆるいい学校に入って、世間的にイケている仕事に就き、家族もできて、なりたいと思っていた自分になっている気がしていました。でも、何をやっていても、何を成しても、何が手に入っても、何かずっと満たされない感覚がありました。満たされないのは、自分にはまだやれるのにやれてないことがあるんじゃないか、他にもっとやりたいことがあるんじゃないかと、自分のやっていることに疑問を抱き始め、何をやるべきかを必死に考え、やれることをなんでもやろうとしていました。

そんなふうに「何をやるのか？」ばかりを考え、でも何をやっても満たされない中で、「本当はどう生きたいのか？」という問いが初めて僕に沸き上がってきました。それは「何をやるのか？」というDoingではなく「自分はどう在りたいのか？」というBeingの問いでした。

その答えを求めて、自分を知りたい、自分のことを理解したいと必死に考えました。それまではビジネス書しか読んでいなかった僕が、生きることを問うている哲学書や生き方の指南書などを読み漁り、色々な人の話を聞いたりしました。しかし、そうやって答えを外側に探し求めても、自分がどう生きたいのか、どう在りたいかはわからず、結局は何か周りに認められるようなことをやり続けていました。

そうこうしているうちに、やってもやっても満たされるどころか、やること成すことすべてがうまくいかなくなっていきました。うまくいかないのは自分が悪いからだと思い込むようになり、自分の気持ちは切り離し、周りが望む自分をなんとか演じようとしました。でも、自分の気持ちを消し去って他人に従うことも結局できず、空虚な感覚は増し、生きている感覚は全くなく、ますます迷宮に入っていました。外側に答えを求め、それに合わせようとしては虚しくなり、合わせなければいいと思っても自分が何をしたいのかわからず、自分の内側で葛藤し、どうにもならない自分を責めていました。

そして、気がつくと僕は40代になっていました。そんなとき、僕はこの本の共著者である由佐美加子に15年ぶりに再会します。たまたま知人から紹介されたある2日間のワークショップがきっかけでした。新卒入社の同期だった由佐がそこでファシリテーターをすることを知り、久しぶりに会ってこようか、という軽い気持ちで参加しました。何の気なしに参加したこの2日間の場での体験をきっかけに、僕の内的統合の旅が始まりました。

僕にとってその場は、人生で味わったことのない体験でした。外側からインプットをして学ぶ場ではなく、由佐や他の参加者との対話から、自分の内側にあるものに自分自身で目を向ける場でした。僕はそこで自分の内側に長年あったのに自分では完全に無自覚だったものに触れました。それは、誰にも明かすことのなかった、自分でもないことにしてきた〝痛み〟でした。その時まで、自分の内側にそんな痛みがあることをまったく自覚していませんでしたが、確かにそれがあることを感じた体験でした。

そこから僕は、自分自身の内側にある痛みから創り出されている自分の内側にある構造を少しずつ理解していきます。それが見えると、自分がなぜそれまで何をやっても満たされることがなく、やればやるほどうまくいかなくなり、自分を責めていたのかを理解できました。僕は顕在意識ではやりたいことをやって、なりたい自分になろうとしていたつもりでしたが、実際には自分の痛みを避けようとしていただけだ、と気づいた時、愕然としました。「僕はありのままでは愛されない」この痛みを人生で体験することを避けるためだけに、人から認められて愛されるはずと思えることをひたすらやり続け、人から愛される自分になろうとし、皮肉なことに、それによってありのままの自分からはどんどん遠ざかっているということが見えてきました。そうしてありのままの自分を失った僕は、決してありのままで愛されていると体験できないように生きていたのです。何かをすることで愛されようとするほど、ありのままで愛されることはできない。だから、何をどれだけやっても愛されたと感じることがなく、満たされることがなかったのです。そして、ありのままで愛されないのは、自分がダメだからだと自分を責め続けていました。

「ありのままで愛されている」

これが僕の願いなんだ。この願いをあきらめきれないからこそ、ありのままで愛されないことが痛みで、それを避けようと生きていたんだ。

これが、僕が自分自身の内的統合の旅から理解したことです。自分を知るとは、自分の痛みを受け入れ、自分が生まれながらに持ってきた、あきらめきれない願いを知ることです。自分を生きるとは、自分がその願いをこの世界で生きて、それを体験することです。

「私はどう生きたいのか？」

「自分はなぜ生まれてきたのか？」

私たち一人ひとりが満たされて幸せに生きるための情報は、一人ひとりの命の中にあります。私たちには、生まれながらに持っている願いがあります。

本書を手に取られたみなさまが、自分の無意識にある、あきらめきれない願いを思い出し、その願いが叶わない痛みを避けて生きるのではなく、その願いを生きて体験する人生を歩めることを、心から願っています。そして、私たちが自分の内なる命の願いを生きることは、自分自身の悦びとなるだけではありません。一人ひとりの中にある願いは、生きとし生けるものすべての命の源から受け取ったものです。だから自分を生きることは、すべての命の願いを叶えることなのです。

あなたが自分を生きることで、すべての命が輝きますように。

~謝辞~

この本は、自分の願いを生きようとする多くの方々の気づきと理解が形になったものです。多くの方々が自分の願いを生きようと現実の中で悩む姿に立ち会えたことで、由佐はメンタルモデルを始めとする内省の叡智を見出すことができました。そして、その可能性に共感した多くの仲間たちの存在のおかげで、その目に見えない叡智がプログラムやこのようなワークブックとして形となって顕現しました。このプロセスに関わったすべての方へ心から感謝します。

自分を生きることをあきらめかけていた僕の願いを僕以上に感じ、支え続けてくれた由佐美加子がいなければこの本が生まれることはありませんでした。本当にありがとう。

関根真司さんは、書籍『ザ・メンタルモデル』の編集者で、その後ご自身の使命から出版社を立ち上げ、光栄にもその新しい器からこの本は出版されました。この世界観を伝える情熱を分かち合ってくださっている関根さんの存在なくして、このワークブックが書籍として世に出ることはありませんでした。本当にありがとうございます。

最後に、僕自身が、自分を取り戻す過程で大きな影響を与えた家族に感謝の意を表します。

この本を手にとってくださったすべての方々の体験が、この世界の光となりますように。

中村伸也（ぼび）

２０２１年10月

※このワークブックで分かち合われているメンタルモデルをはじめとする内省のテクノロジーは、痛みを回避して生存適合して生きる内的世界のシステムを、生命の源につながり創造者として生きる新しい内的システムへとシフトさせる

Human OS Migration Technology (HMT)

と呼ぶ自己統合のための内省のテクノロジーです。

このHMTを実践しながら源を生きる意識変容の旅を構成する公開プログラム「Journey to the Source (JTS)」についての情報は、以下のサイトやFacebookページでご覧になれます。

Webサイト：http://hmt.llt.life/

Facebookページ：https://www.facebook.com/HumanOSMigrationTechnology

由佐美加子（ゆさ・みかこ）

合同会社CCC (Co-Creation Creators) 代表
株式会社LLT パートナー

野村総合研究所、リクルートで勤務した後、グローバル企業の人事部マネジャーを経て現職。10年にわたり、年間250日以上ファシリテーターとして場に立ち、1000人以上の個人セッションから見出した、HMT※下注と名付ける無意識下にある内面世界を紐解くための技術を体系化。様々な切り口で経営者、企業のエグゼクティブや管理職、一般向けに分かち合い、個人と社会の意識の変容をもたらす活動をしている。また、新しい人間観を元にした親子向けの会員制コミュニティー、じぶん共創塾を主催。著書に『ザ・メンタルモデル』(天外伺朗氏と共著、内外出版社)、『無意識がわかれば人生が変わる』（前野隆司氏と共著）『お金の不安と恐れから自由になる』（共にワニブックス)、訳書として『U理論』（英治出版）がある。

中村伸也（なかむら・しんや）

株式会社LLT (Life Living Technologies) 代表
合同会社CCC　パートナー

野村総合研究所、多角化経営企業にて経営コンサルタント、新規事業立ち上げ、グループ事業管理、小売事業経営など様々な組織で人と組織のマネジメントに関わった後、2018年に株式会社LLTを設立し現職。合同会社CCC代表 由佐美加子と共に、二元論・分離の意識から全体性への意識変容を橋渡しするHMT※下注と名付けた内的統合の技術を体系化。企業経営者・リーダーから親子まで幅広い層に、自己愛・全体性から生きる人間観・世界観を伝えるとともに、HMTを拡げていくテクノロジストの育成をしている。

※Human OS Migration Technology(HMT) 公式サイト：http://hmt.llt.life/

ザ・メンタルモデル
ワークブック

発行日　2021年11月21日　第1刷
2024年 3 月22日　第2刷

著　者　由佐 美加子　中村 伸也

発行者　関根 真司
発行所　オオルリ社
〒145-0072　東京都大田区田園調布本町40-1-107
電話 03-5483-0203
FAX 03-5483-0204

カバーデザイン　小口翔平＋畑中茜(tobufune)
本文デザイン・DTP　小田直司(ナナグラフィックス)

印刷・製本　中央精版印刷株式会社

ISBN 978-4-910693-00-2